South America

天空之境

羅的好——著

火地島到加勒比海的南美長征

Contents 目錄

前往加勒比海的風／哥倫比亞

South America

那些南美洲以外的事

楔子

世界的盡頭

即使從南美洲回來這麼久了，還是覺得南美洲是個陌生又遙遠的背包客夢想；相較以往在歐亞大陸的旅行，談到南美洲，那種敬畏的口吻就是不一樣。

火地島、巴塔哥尼亞高原、馬丘比丘、的的喀喀湖、亞馬遜，過往我總覺得遙不可及的傳說名詞。或許因為南美洲是距離臺灣最遠的地球彼端，不太可能安排一個假期就出發，再加上南美機票很貴，一去至少就要幾個月才划算；念書、當兵、工作，人生一路走來，很難得有這種空檔，很快地，一年年過去了。

常有人問我為什麼去中亞、為什麼去東歐，卻從來沒被問過為什麼是南美洲，到後來我也理所當然覺得南美洲就是個遲早會去的地方；無所謂動機的問題，我也沒有自我懷疑過，南美洲自然變成一個目標，一座旅行的里程碑。

但可以肯定的部分在於，旅行就像是個癮頭。嘗試過就很難忘懷那種滋味，倒不一定為了流浪自在，而是在另一個國家用另一種生活型態，感受不同的步調；暫時脫離原本熟悉的人生軌道，對那時候埋首工作的我簡直是不得了的吸引力。

沒旅行的時候，我只好寄情在寫作中。我要特別提一下二〇一三年年底出的書《暮光玫瑰修道院》，這本書雖然是以東歐和吸血鬼傳說為主體的旅行小說，但當初為了賦予主角個性，做出「歷史學家」這角色的個性設定，就是想像我在南美洲旅行時的心情；藉由這角色看見自己，當時順勢把一些憂鬱不愉快通通抒發在歷史學家身上。在歷史學家去南美洲之後，我就無法想像他會找到什麼樣的人生答案；然而，等我從南美洲回來再對照創作的過程，才終於明白了旅行的意義。

旅行、然後寫作，在我的人生中扮演很精采的部分。之後我辭去在科技業的工作，那年剛好我三十歲，適逢階段性工作任務結束，又同時經歷失去友情和感情的挫折，那是心情最低潮的日子；但也是這個機緣，彷彿一時間旅行的理由都到齊了，我知道該走上南美洲那條路。

所謂的空檔，大概就是這個時候了吧！

二〇一四年二月我開始交接，不捨地整理兩年半以來手邊案子的瑣碎文件，離職的感覺很像學生畢業典禮，只是早已過了哭得唏哩嘩啦的年紀；我回到家，開始米蟲的日子，悠哉時間過得輕快，也只剛好夠辦完簽證而已。

三月二十四日下午，我搭飛機先到香港，再轉土耳其航空到伊斯坦堡；當時是凌晨五點半、黑夜到黑夜，我極度疲累地在機場沙發小寐兩小時。

最後也是最久的一段，從伊斯坦堡飛阿根廷的航程十六小時，中間還轉機巴西最大的城市聖保羅；不知道該說南美洲人隨性還是愛聊天，有位先生站在我座位旁邊和別人閒談，這一談就是十幾個小時，我睡睡醒醒好幾次，他還是站在那邊。

歷經足足三十小時的飛行時數、在空中度過兩天後，我終於抵達地球的彼岸，阿根廷首都，布宜諾斯艾利斯（Buenos Aires）。晚上十點，我搭計程車直接到預訂的hostel，帶著一臉淒慘的倦容check in，靜悄悄走進鼾聲大作的房間。這一區布宜諾斯艾利斯在夜晚意外寧靜，南美洲的第一印象如此平淡，我有種不很踏實的茫然，唯一值得慶幸的大概是沒什麼時差的問題吧！

我累得說不出話來，記得當晚我看著漏水的洗臉台在想，天啊！這趟縱走南美的旅行會是什麼樣子呢？

chapter 01

阿根廷

世界的盡頭

Argentina

狂野探戈

來到南美洲的前幾天，沒結識什麼其他的背包客，每天晚上，就買那種一千毫升的大瓶啤酒喝得醉醺醺。距離上次旅行三年了，三年來經歷很多人際挫折，傷心的事都壓抑著，一到南美洲就止不住情緒浮現。

在布宜諾斯艾利斯的日子裡，我沒有太認真地在城市裡探索，主要是準備接下來去火地島的機票和現金；其他時間都在市中心漫步，悠閒地，找回旅行的步調。

記得我離開臺灣前一週，正好是太陽花學運開始。有一天早上，看到新聞報導說立法院被學運攻占，之後的那週臺灣也過得風雨飄搖；我有朋友進去立法院、也有朋友天天坐在青島東路。與個人立場無關，我一直不是有強烈理念的人，但我很敬佩會為

街頭運動

街頭巨幅的詼諧塗鴉

了信念而奮鬥的人，因為他們不懂得計算什麼得失、效益，所以才顯得更勇敢。無論那是什麼樣的信念，就是很令人動容。

在當時，誰也無法預料太陽花學運會怎麼結束，臺灣會因此改變些什麼、或至少學習到什麼，但我還是去旅行了。來到阿根廷，竟然也看到相似的畫面，阿根廷總統府前草地有一群長期居民，他們拉起長長布條，就住在布條後的帳棚裡。

這些人是來自阿根廷北方的印裔人，由於政策長期忽視偏鄉權益，他們來到布宜諾斯艾利斯還是得不到政府回應，索性在總統府前搭帳篷長期抗爭；他們在草地煮飯、洗衣、晾突兀的曬衣架，或睡給我們這些觀光客看，相對於臺灣是為意識或主權抗爭，他們爭取的，卻是更基本的生活了。

有記者告訴我，阿根廷政府對社會福利和公平的概念並不完整。隔天另一場的遊行是由身障團體發起，但遊行進行地非常秩序、平和；最後結束時，大家以鼓掌表示讚許，關於民主，他們也在學習中。

我深深覺得，每個國家都有每個國家的問題啊！

我知道阿根廷在南美洲算是相對富裕，相較之下祕魯或玻利維亞更是窮困；旅行走得越遠，越覺得生活在臺灣是幸福的，這一點，從旅行到現在都沒變過。

我在旅行中第一個交談對象是 hostel 隔壁的洗衣店老闆，起因是我送洗衣服時，剛好看見他們正在看《中國好聲音》，才注意到他們是中國來的移民。老闆告訴我，他們到阿根廷已經二十年，洗衣店工作很辛苦，一年中只休農曆年那幾天；在阿根廷求生存沒有預期中容易，原本洗衣店就利潤微薄，再加上從二〇〇一年美金兌阿根廷幣從一比一，暴跌到現在的一比八，日子又更艱困了。

「但都來到阿根廷了，不管怎樣還是要做下去啊！」寡言的老闆很平淡地說，他手腳俐落把衣服褲子一件件疊好，旁邊的妻子也是勤快地燙襯衫。

阿根廷的物價比臺灣高出許多，以大麥克指數來說大概是將近臺灣的三倍吧！不過這主要反應在外食上面，住宿是很便宜的，呈現一種怪異的現象：hostel 住一個晚上的價錢竟然不夠在外面吃一頓的簡餐，究竟是吃的昂貴？還是房價便宜呢？

比起經濟問題，南美洲人的浪漫到處顯而易見。有天晚上下著大雨，我坐在 hostel 前邊喝酒邊看對面加油站的一對男女在雨中擁吻，他們吻多久，我就看了多久。是啊！這就是拉丁美洲應該有的浪漫。

那時候真有點感動。

阿根廷總統府前遊民

鴿子是常見的點綴

遊民生活側寫

窗格也阻止不了塗鴉的決心

現在依稀回想起，出發前朋友曾對我說過：「相對布宜諾斯艾利斯，聖地牙哥和利馬都乏善可陳。」還真有幾分道理。

布宜諾斯艾利斯是個深受歐洲風格影響的拉丁美洲城市，市中心常並排十層樓以上華廈，雕飾精細外，大多都具有開放式陽台，同時具有南美的悠閒氣息。各式具創意的雕塑和塗鴉也隨處可見，有的蔓延在幾層樓高的大廈外牆，有的鑽進地下鐵隧道，隨著車廂竄流在城市各個角落，卻可能是類似史努比式的隨筆。如此多樣地豐富這座城市的內涵，儘管不是景點卻也賞心悅目。

遊走這樣的城市很難覺得無聊，我曾驚喜地在街頭，發現公車站座位是套沙發、在古董店中堆積如山的玩物中穿梭、在跳蚤市場裡觀賞七龍珠的公仔，抬起頭，赫然發

陽台上的閱讀

方尖碑

雷科萊塔墓地的藝術雕塑

現梅西的球衣在頭上飛舞，類似這種小事都頗趣味。

布宜諾斯艾利斯的地標是巨大的方尖碑，而方尖碑位在一條稱為「七月九日大道」的馬路上，得名自阿根廷獨立紀念日；是全世界最寬的道路，最寬處竟然有十六線道，實際走起來確實很難在一個綠燈一次穿越，說實在等紅燈也是有點煩。

阿根廷是探戈的發源地，方尖碑附近有好幾座探戈戲院，戲院的造型很古典，很像早期百老匯那種英國紳士風格，最著名的科隆戲院就在七月九日大道上。我們 hostel 也有自己開的探戈課，我常看見他們繞著客廳，踏在前前後後的節奏上。

有一整天，我漫步在雷科萊塔區（Recoleta）裡，那是布宜諾斯艾利斯的高級住宅區，隨處是名牌服飾、精品店和星巴克，物價比市中心又再墊高了點。

沿美麗的華廈街道漫步，我走進這區的腹地，雷科萊塔墓地，它是一個巨大的陵墓城，因為各式絕妙的雕塑而成為布宜諾斯艾利斯最主要的景點。裡頭的墳墓都是不同的藝術作品，白色大理石的天使、聖母，蓋起來像是教堂、博物館或紀念碑，有的家族陵墓在牆上一格格的小窗格，刻著死者的名字。

不過我最常去的地方，還是位於市中心東邊的阿根廷總統府，曾經是阿根廷的第一夫人伊娃．斐隆（Eva Peron）的住所，在四〇年代，聽說她常站在總統府陽台迎接那些支持她和她丈夫的群眾。後來，伊娃的故事改編成電影，也就是大家都耳熟能詳的《阿根廷別為我哭泣》（*Evita*），Evita 是阿根廷人對伊娃的暱稱，隨著這部電影——不管是名稱還是女主角瑪丹娜——紅遍全世界，阿根廷總統府也成為著名景點。

過去僅存在於電影或新聞裡的阿根廷，迅速在我的印象中建構。旅行一開始，我時常在放空中，我從來都不認為我是準備好才來，好像是時間到就出發了，而且未來旅程還漫長，變數很多。但是，每天都自然踏出下一步，跟人生一樣逼自己往前走。

我花了一個星期的時間，慢慢適應布宜諾斯艾利斯的生活，包括地鐵站各種西班牙文的站名、他們的食物。尤其是各種肉排薯條，現煎的肉排總是乾硬得難以下嚥，薯條卻是炸得油亮亮，根本是讓人水土不服的完美組合，有時我寧可買生菜沙拉和水果回來吃，解決上一餐殘留在舌尖的油膩味。

在布宜諾斯艾利斯，常看到的是居民隨時在草地上睡覺休憩的悠閒，我偶爾也在草地上看自己的書，有些人經過會對我微笑、拍照，很自然地融入阿根廷人的慵懶。

當我終於習慣這一切之後，就意味著該前往下一個城市，旅行總是這樣無奈。

梅西球衣是伴手禮的一種

在總統府前隨時躺下是不容干涉的悠閒權力

阿根廷幣兌新臺幣匯率以 1：3.7 計算（二〇一四年），以下皆以新臺幣為單位。

土耳其航空有從伊斯坦堡直飛布宜諾斯艾利斯和巴西聖保羅的班機，票價相對便宜，適合背包客購買。

America Del Sur 是一間評價很好的 hostel，四人 dorm 一晚 600 NTD。設計和裝潢很現代化，樓層很高但有電梯可以搭，WiFi 在大廳很穩，四周生活機能也便利。不過詭異的是它的盥洗設備不在廁所，而是在床旁邊，常常讓水噴得滿地都是。

跳蚤市場果汁攤

火地島

飛機放下起降架，我迷糊睜開眼睛，看見窗外蔚藍的海水、無數帆船與環繞港灣的雪山，以及連機窗都無法阻攔的冷空氣灌進鼻腔，讓我徹底驚醒。

飛往火地島的班機時間很差，那天我在 hostel 的沙發上睡到凌晨兩點，然後疲憊地搭乘計程車到機場；check in 之後找一個機場座椅繼續睡，清晨五點整，搭上飛機後再度昏迷，直到被飛機降落聲和冷空氣喚醒。

飛機抵達火地島的烏斯懷亞（Ushuaia），全世界最南端的城市。

世界的盡頭。

火地島有個很知名的故事，一五二〇年，史上第一位環球航海家麥哲倫的船隻繞行到南美最南端，通過麥哲倫海峽的時候，看見島上有點點火光，因而命名火地島。

火地島常見監獄雕像

港灣船隻

我在旅程中聽過各式各樣的聲音，有些屬於城市的喧囂、繁華，或也可能是荒野風聲、潮汐，或鳥鳴繽紛嘹亮。但火地島卻是個異常寂靜的地方，天氣太寒冷，街上的行人車輛都是稀疏沉默，感覺上彷彿連聲音都被冰封。

在烏斯懷亞，好像什麼店都可以大聲自稱「世界盡頭的」，諸如世界盡頭的餐廳、酒吧甚至是紀念品店之類的。也許是火地島緯度高的緣故，城市後面幾座不是很高聳的小山總是白雪罩頂，氣溫很低，走出戶外就會被海風凍得不斷打顫；但是雪山、大海、擠滿帆船的港口，常令我聯想起電影《白日夢冒險王》中，班・史提勒跑到冰島所看見的畫面，光這點就足以讓人領會到一種平靜的概念。

早期，地處偏遠的火地島是阿根廷囚犯的流放地，就像是阿根廷版的火燒島，囚犯們被送到這個世界盡頭的島嶼，幾乎不可能逃回去。如今監獄已經撤除，只保留博物館供人參觀，但監獄文化延續成為火地島特色；市區有幾間創意商店就布置成監獄場景，店員也都穿著囚衣，讓這世界盡頭增添一點詼諧與輕鬆的氣氛。

當天下午我邊流著鼻涕邊走向旅客資訊中心，位在一棟碼頭邊的房子，職員熱心地給我一堆烏斯懷亞資料。火地島有很多收費昂貴的活動，但我跟多數貧窮背包客一樣，只是純粹體驗火地島生活，懶洋洋地窩在 hostel 裡什麼都不想做。

我在遊客中心遇到兩對臺灣夫妻，他們打算參加活動，從碼頭去比格爾海峽（Beagle Channel）看夕陽。他們之前在烏拉圭工作，這次來巴西和阿根廷度假，都說巴西現在很危險，一場世界盃足球賽造成不少混亂暴動；相對而言，火地島這些阿根廷南方鄉鎮的生活真的很平和，遠遠避開城市，如同恬靜的莊園。

我則在鎮上逛到傍晚，吃了一塊馬鈴薯蛋餅，等待夜晚降臨，為了拍到麥哲倫當時看的點點漁火，我散步到海港的對岸。潮汐伴隨寒氣沖洗腳跟側邊，我縮進雪衣中踩在海岸線上，露出雙眼盯著沉默的海港城市，滿街的路燈確實是火地島的冰冷繁華。

記憶裡，旅社永遠都像火爐一般溫暖，雖然二樓通往房間是條又長又冷的走廊，但我很喜歡在走廊看街道和雪山，景色和火地島的大閘蟹一樣令人難忘。

那幾天我常悶悶喝著 Quilmes 啤酒，這是阿根廷的國民啤酒，顏色就和阿根廷足球國家隊一樣淡藍，味道很順口；當時我還帶著從臺灣尾隨而來的壞心情，對啤酒的印象就和烏斯懷亞凜冽的海風、沉重的天空一樣深刻。這段期間是我沉溺在回憶最深的日子，但事後想想，這反而是最襯搭烏斯懷亞的一種生活姿態，如果不是懷抱著悲傷，你怎麼看得出來火地島的寂寞呢？

當晚，我在臉書上感慨寫道：「這一次，真的來到世界盡頭了。」

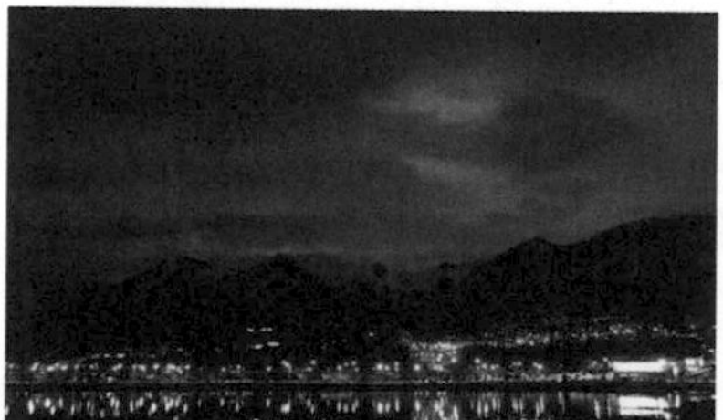

世界盡頭的極地夕陽

白日夢冒險王

hostel 永遠是最充滿回憶的地方

烏斯懷亞總像是退冰後的街景

與小狐狸同行

火地島國家公園（Parque Nacional Tierra del Fuego）在烏斯懷亞以西約十五公里，市區有固定的班車到國家公園；雖然 hostel 櫃檯說國家公園要收門票，不過最後卻沒有人跟我收錢，後來我才知道現在淡季，國家公園是免費的。

這天天氣很好，日照強烈，但空氣一樣冰冷，當巴士經過有名的「世界盡頭列車」時，有些人下了車，包括那兩對臺灣夫妻都去搭小火車。我則繼續前往下個車站，南部海岸的恩賽納達灣，也是二號步道的起點。

只有我一個人在海灣站下車，眼界唯一的建築物是岸邊有座木板搭建而成的碼頭，碼頭上是「世界盡頭郵局」。我亟欲避寒，於是推開被海風震得咯咯作響的門扉，屋內是位具有肯德基爺爺氣質的郵差伯伯；他得知我來自臺灣，替我在明信片蓋的世界盡頭章，竟是繁體楷書字樣，著實是個意外驚喜。

二號步道從世界盡頭郵局開始，沿著海岸線通往森林，因為樹木的遮掩，比較沒受到海風侵擾，大部分的路還算好走，偶爾泥濘不堪，沾的鞋緣滿是泥巴。一路上我幾乎沒看到其他旅人。自從前一年開始爬山後，我開始喜歡專注在走路這件事情上面，沒有多餘想法，只是憑本能地在荒煙蔓草中不斷踏出下一步；走累了，就坐在潮溼的樹幹吃餅乾、喝水，看冰冷的藍、茁壯的綠。

然而健行道路的標示不總是明確，曾經好幾次，我走錯路誤闖到森林深處，才退出來重新找路，我走得比預期慢，約四個多小時才接回主要道路。

中午前我和三號步道會合，路口是座休息中心，賣一些墨西哥餃、烤餅、燉肉等食物，許多登山客都選擇在這休憩，暫時躲避外頭隱隱刺痛臉龐的海風。休息中心的下方是岩湖，對岸有一座覆滿白靄的雪山，倒映沉靜的湖面上，看過去，一瞬間好像產生世界盡頭遇見富士山的迷幻感。

從休息中心再往南，走過湖泊區後，就是通往拉帕太亞灣（Lapataia Bay）的道路。這條路是開給汽車和巴士走的，不再有標示不明的問題，路也寬闊許多；我順著路悠閒漫步，忽然心揪了一下，前方一隻野生動物攔在馬路中間。

儘管中間隔十幾公尺，我還是看得出來，那是隻狐狸。

狐狸轉過頭，也遠遠盯著我看，既沒有狗一般地搖尾喜悅，也不像貓受驚嚇的敵視貌；就只看著、看著，漠然、卻又帶一絲絲興趣，那是對食物的期待吧！

我嘗試裝作若無其事、走近狐狸，看牠沒有什麼反應，似乎默許我跟在旁邊。只不過狐狸忽快忽慢，有時走在我前面、有時並肩而行、有時繞到旁邊樹叢裡，卻又從某個地方跟上來。就這樣，前前後後一個多小時，那時我對時間是麻木的。一開始我還擔心牠會咬人，但久了之後發現牠沒有敵意，就壯起膽子拍拍牠，我想起《小王子》中狐狸說到關於「馴養」，某一種稱為制約的情感。

「假如你馴養我，我們就彼此互相需要。你對於我將是世界上的唯一，我對於你也將是世界上的唯一……」小狐狸這樣說的。

快接近拉帕太亞灣時，狐狸忽然走進路邊的草叢，然後頭也不回地往更深的樹林裡進去。一點都沒有眷戀我們同行的情感，我看著牠走遠，萌生難以言喻的寂寞，原來失落不只存在與人之間的緣分，而我眼前的就是它的不同形式。

我依稀想起Pi看著彼得帕克的背影，就是那種目送的感傷與依戀，可狐狸卻這麼地真實，我稍待片刻，確定狐狸不再現身，就繼續我的旅程。

拉帕太亞灣前的最後一段步道是去水狸湖，水草蒼蒼的湖面上蓋滿一整排水壩，但水狸是夜行性，此刻沒有那些毛茸茸的身影。我又再度放棄等待的念頭，往南一路走到步道終點，也就是火地島國家公園的最南端，有個立牌再度強調「世界盡頭」，在某種意義上來說，這兒才是我旅行的起點。

海灣邊的風很強，比烏斯懷亞還冷冽，海風帶著南極捎來的冰封氣息。

水狸的家

曾並肩同行的小狐狸

世界盡頭郵局

火地島南端

火地島未連接阿根廷國土，如果要搭車進入火地島，還要先經過智利的領土，進出都要阿根廷和智利的多次簽。如果不打算走這麼複雜的路線，直接買一張進出火地島的機票比較方便。阿根廷航空（Aerolineas）從布宜諾斯艾利斯到烏斯懷亞的機票最低約 8000 NTD，從烏斯懷亞機場到 Antarctica hostel 的計程車大約 220 NTD。

Antarctica hostel 六人 dorm 一晚 520 NTD，屋內裝有地熱所以會比室外溫暖很多。WiFi 很好，早餐普通，廚房設備很充足；最大問題是浴室距離房間有點遠，要走一段會冷到發抖的走廊。隔壁街有超市、往下走一條街到市中心，生活機能相當方便。

從烏斯懷亞搭車前往火地島國家公園的車費約 370 NTD，要提前告訴司機在哪裡下車，裡面健行不額外收費。烏斯懷亞還有各種旅行團，詳情可以詢問碼頭邊的資訊中心。

高原驛站

巴塔哥尼亞高原（Patagonia）位在南美洲的南端，分布在阿根廷和智利，智利境內就是著名的百內國家公園（Paine），阿根廷境內最常聽到的是艾爾卡拉法特（EL Calafate）和艾爾查爾滕（EL Chalten）周邊。

關於國境兩側巴塔哥尼亞高原的評價不一，有人喜歡百內國家公園的設備完善，有人說百內有些商業化，而查爾滕的氣氛較樸實自然；當時我選擇走阿根廷這邊，純粹是因為路線比較順，後來也沒機會再去百內。

飛機飛越麥哲倫海峽後，僅一小時就抵達巴塔哥尼亞高原，其後我再轉搭巴士到市區。訝異的是，卡拉法特顛覆我對巴塔哥尼亞高原的印象，而隨之艾爾查爾滕更加深這樣的概念。我長久以來誤以為巴塔哥尼亞水草豐富，但眼前卻像大峽谷一般飛沙走

一隻草泥馬在荒野中看向山脊

hostel 木造走廊

郊區夜景

石，城鎮外被黃土構成的丘陵包圍，大地表層鋪一層細碎的塵土；房屋是木板拼湊，走在木板上咯咯響，大抵像美國西部電影中，酒吧那種模樣。

我的 hostel 是棟很誇張的鮮黃色建築，在郊區一帶特別顯眼，裡頭設施非常簡單。如果說火地島給我窩的感覺，那卡拉法特就是只個驛站，一種過客的陌生感。

對面的雜貨店更是滄桑，各種海報貼在玻璃窗外，沙塵堆積在門縫中，木板前廊和雜貨店的玻璃門吱呀作響；除了放置飲料和酒瓶的冰箱外，其他日用品都擱在木架上，店員是個大鬍子胖子，活像是個配合布景的演員。

不過相較於查爾滕，這裡的背包客都不是這麼地喜歡卡拉法特。因為大多數參觀莫雷諾冰河（Glacier Moreno）的旅行團會聚集在卡拉法特，路上很多戴太陽眼鏡的西方人，導致市區物價層層漲；卡拉法特本身又沒有好玩的，主要大街上，是有一些刻意迎合觀光客口味的紀念品店，卻又不像火地島那樣有獨特的道地內涵。

我住進 hostel 那天認識一位日本背包客，泉川孝先生，他獨自環遊世界快一年了，因為小時候在澳洲念書，英文比一般日本人流利很多。更有意思的是他人緣很好，後來外面來一夥外國人招呼他去鎮上，泉川也熱心邀請我一起，但我看他們買幾塊牛排準備煎BBQ，就謝絕他們聚餐，畢竟一個人吃飯自在多。

我跟泉川的緣分不僅只如此，這就是後面的故事了。

吃了兩餐卡拉法特虛有其表的簡餐後，我開始意識到自己下廚的重要性。其實這該是背包客必備技能，但旅行這麼多年來，很意外地，竟然在巴塔哥尼亞才決定自己下廚。卡拉法特的超市雖不夠充足，麵包或罐頭常缺貨，但我在日後旅程中也漸漸愛上買菜的過程。從選食材中，察覺各地文化差異帶來意外驚喜，比方說湖區豐富多樣的魚罐頭、或巴塔哥尼亞高原肉排、加勒比海水果，諸如此類。

第一次下廚，我煮的是再普通不過的番茄義大利麵，因為不懂得掌握分量，煮出足夠給好幾人吃的一大鍋，但卻是很有成就感；義大利麵確實較簡單，只不過加水加熱煮軟而已，其他背包客更不得了，熱炒或沙拉什麼都做得出來。自此之後，我也自己買沙拉油和蒜頭，摸索洋蔥炒蛋之類的，在廚藝的世界中玩得不亦樂乎。

停留卡拉法特雖然只是個過渡，但比起先前在布宜諾斯艾利斯和火地島的悠閒，這樣的緊湊更有旅行積極的步調；往往旅行也只是隨著環境而調整應變的過程，我忙碌於計算接下來需要的時間、金錢、應付其他背包客寒暄等。

忘卻了該感傷的夜晚，也就踩在前進的旅途上。

卡拉法特郊區

市區商店街呈現鮮明對比

破裂重生的前進

卡拉法特的第一頓晚餐，我是在一家裝潢復古，有著舊式撥盤電話和打字機的餐廳吃烤披薩。我不小心咬到披薩上整顆橄欖，喀啦一聲響，硬生生咬裂一顆牙齒；當晚照鏡子看了很久，還好只是上方齒冠的地方破了，之後的旅行也沒再衍生其他問題。隔天才想起來，這不就像是莫雷諾冰河一樣，不斷地破裂、重生。

無論我再怎麼不喜歡卡拉法特，都還是和其他背包客一樣，排了一整天的時間，去看看世界級的莫雷諾大冰河，好像沒看過冰河就不算來過巴塔哥尼亞似的。

其實從卡拉法特公車站到莫雷諾冰河只有不到兩小時，以我動輒五小時以上車程的旅行來說，已經非常方便。這裡有些旅行團會安排乘船、攀登冰河等活動，不過我還是選擇自己去看，很多背包客也都跟我一樣。

冰河瞭望台

冰河片段

莫雷諾冰河位於卡拉法特西邊的冰川國家公園，靠近智利邊境的山坳，邊境上滿溢的是寬闊的阿根廷湖，沿山崖流瀉好幾座冰川；國家公園的入口處也是搭船的起點，有公園人員上車跟我們收門票。後來我才聽其他背包客說，門票有兩種標準，因為貨幣貶值的緣故，有些漲價只針對外國人，當地人的門票會比我們便宜很多，但這不知是真是假，當時我倒是沒注意。

巴士停靠的地方是莫雷諾冰河對面的山崖，隔著阿根廷湖，對岸才是驚人壯觀的雪白色河流淌洩；遠遠地，寒氣隨風飄來，有些人開始順著公園步道往下走，在不同的岔路口散開，各自找好位置遠眺那片連綿的白色冰晶。

莫雷諾冰河規模巨大，高六十公尺，是南美洲最著名的活動冰河；據說每天仍持續移動兩公尺之遠，由於後方冰山穩定推擠，每過一段時間，前方冰壁就會崩裂，破碎的冰塊散在阿根廷湖上像漂浮可樂一般，灑落到處都是。左方湖面有兩艘剛才拔錨的冰河船，保持安全距離停在湖面上觀賞。

我在岸邊細數崩冰的間隔，估計大約每半小時左右碎裂一次，規模不等，有的是小型的瓦解，有的則整面冰牆都破裂開來。冰塊落海發出意外巨大的聲響，恍似雷霆；

聽說每過幾年冰河跨過阿根廷湖，連接到這頭岸邊，但水流也侵蝕冰橋形成崩解。最近一次是在二〇〇八年，當時大量冰塊爆破，連續轟隆聲迴盪山谷。這些活躍的自然現象帶來些許變化性的期待，而不僅只是望著冰河發愣。

觀光步道高低起伏地沿著山壁蔓爬，從各個角度觀賞莫雷諾冰河，但整體而言公園沒有很大，大部分的遊客都席地野餐，等待下一次的冰崩；我想我們都是時間過剩，沒其他地方可去，坐在冰河前面也可以虛耗五個小時。

以前在科技業上班的時候，時間都是以分鐘計算，上一個會議結束，可能有幾分鐘的時間回信、處理案子、聯絡相關人員，接著趕去參加下一場會議。再度旅行之後，對於時間的感知能力逐漸地僵固，開始一分鐘、一小時、一整個下午，無限延展。只不過是偶爾沉浸在心事中，整段時間無聲無息倏忽而過。

過去的疲憊已經是如此遙遠，但是當時間好像用不完的金錢時，卻又帶來些許落寞，我不斷回想著旅行前後的細微變化，時間惡作劇地流逝又轉得更快。

下午三點過後，終於等到一輛輛的小巴士陸續開進國家公園，分批把這些遊客載回卡拉法特，很例行性地完成這趟冰河之旅。我和很多背包客早已不耐煩，原來即使是世界級的壯觀，感動早在五小時後被沖淡得無影無蹤。

公路遠方看見莫雷諾冰河

莫雷諾冰河全景

冰河片段 2

NEKEL YENU hostel 是附近較受歡迎的 America Del Sur hostel 推薦我來的，四人 dorm 一晚 370 NTD，房間內有儲物櫃，WiFi 只有在大廳不過速度不錯；櫃檯可幫忙安排莫雷諾冰河的行程，這間 hostel 位在鎮外，走進卡拉法特大約十分鐘。整體而言除了便宜外，沒有很推薦這家。

在卡拉法特巴士站可以買到前往莫雷諾冰河或艾爾滕的車票，建議提早訂票，到莫雷諾冰河的巴士 740 NTD，進入國家公園的門票 800 NTD。如果想要搭船遊冰河或冰河漫步的話，也有旅行社辦套裝行程。

巴塔哥尼亞上

我是在卡拉法特前往艾爾查爾滕的巴士上遇見很有緣的金先生、金小姐，他們是一對來南美洲度蜜月的韓國夫妻。那班車只有五六個人，我們三個亞洲人很快就聊起來，金小姐對中文很有興趣，一路上問了我很多中文的詞句。

後來的那個星期，我和他們夫妻變得很熟稔，金小姐在韓國是學電影藝術，她最崇拜的導演竟然是王家衛，也喜歡周星馳、劉德華；歸功於她研究過許多香港電影，當我說到《花樣年華》和《2046》，她都跟我們一樣再熟悉不過。但是聊到她最崇拜的明星，終究還是《來自星星的你》的金秀賢，她手機螢幕上就是金秀賢的劇照，瞧她露出迷妹模樣，金先生在旁一臉無奈地傻笑。

我們互相分享水果和麵包，充當今天的午餐，大約一小時多就到艾爾查爾滕。

艾爾查爾滕在原住民語中是冒白煙的山，位在靠近智利邊境的山腳下。我們的巴士先停在鎮外，遊客被帶入到一間像是旅遊資訊中心的小木屋，這裡有個英語流利的導覽小姐，盡責地跟我們大致介紹查爾滕的每一條路線，以及提醒一些不亂丟垃圾、不要驚擾動物等注意事項。

巴士站在村莊入口處，我和金氏夫妻從車站走過整個城鎮，他們兩個人不是背背包，而是拖拉著行李箱；金小姐對於hostel頗有要求，好幾次看見金先生跑進hostel詢問，然後出來跟金小姐報告狀況，她搖搖頭，我們繼續往前走。

最後我在村莊道路的盡頭、健行步道起點找到我的hostel，金氏夫妻則在我對面挑了另一間有自己牧場、養著好幾頭羊和一隻牧羊犬的hostel；這兩間都有著鄉村風格，有賣酒的吧台和牆邊暖爐，外頭圓木圍籬則圈起屬於自家的領地，在入口處豎立樹幹當路燈。原本以為會在巴塔哥尼亞看到很多動物，如今才發現高原荒涼，直到我離開查爾滕之前都看不到什麼野生動物。

村莊的主要道路兩旁還有幾間雜貨店，這些店比卡拉法特的更落魄，門口堆放裝空酒瓶的置物箱或輪胎等廢棄物，但有賣一些村莊裡珍貴的物資，肉醬罐頭、巧克力和飲料，甚至二手爬山裝備都有。

這時候的巴塔哥尼亞高原已經有點寒冷，晚上戶外的溫度很低，南半球正準備入冬，等到了五月之後，有些hostel會陸續關閉。據這些hostel老闆說，他們一年只有一半的時間會經營旅社，剩下時間都從事其他行業。

我在巴塔哥尼亞停留的時間比預計更久，因為前往湖區的巴士班次有限，等我買到車票時，還要再過兩天才能繼續上路；這幾天我過得無聊，旅行中原本就有無法預期延遲的狀況，急也沒有用，大多數時間就在小鎮閒晃，甚至在酒吧坐上一整個下午。

在那段旅行中，艾爾查爾滕就像個避世的小鎮，我喜歡這種放逐的感覺。

其他背包客或許不會同意這種看法。一個也是獨自旅行的以色列背包客說，他不喜歡查爾滕，來這裡的人大多是家庭或朋友團體，像我們這種背包客只能獨自慶祝，不過畢竟是各人價值觀不同。

但待在查爾滕確實很容易無聊，沒有網路、沒有繽紛商店、夜店，旅社外就是寧靜沉默的大地，巴塔哥尼亞彷彿連蟲鳴鳥叫都絕跡。然而，相較火地島背包客們自顧自的各種姿態，查爾滕旅社內真的太過活潑一點，它同時也扮演餐廳和酒吧的身分，有些背包客忙於結交新朋友、吵鬧、買醉，在房門口拿起吉他演奏的也有。

我還是默默照著自己的節奏享受巴塔哥尼亞，時間到了就買菜、提早回 hostel 煮飯、寫明信片或旅行記錄，喝些 Quilmes 啤酒，早早回房睡了。

查爾滕大街上的流浪狗

牧場

查爾滕全景

很有西部荒野風格的雜貨店

hostel 的牧場有幾隻羊

紅色山丘

這個季節的阿根廷天黑得很晚、天亮得也很晚，金氏夫妻跟我約早上七點在我的hostel門口，我早早就拎著登山袋和午餐盒站在黑暗中，巴塔哥尼亞緯度不比火地島低多少，當我們見面時，三個人都在瑟瑟發抖著。

前一天，我和金氏夫妻決定去攻查爾滕最具代表性的冰川灣（Laguna de Los tres）路線，這條路線直接接到菲茨羅伊峰（Fitz Roy）旁邊，是出了名難走，有些背包客甚至帶著背包去走。但因為我們時間很多，就算慢慢地逛上去也沒關係，那時候我們想法很天真，是這樣打算的。

我們摸黑走到山腳下，沿一條小徑開始往山裡走，這條路先是走在叢林中，然後往上沿著山崖東側一直走，最後繞到後面的山口，就看得到菲茨羅伊山。

我們登山的節奏抓得不錯，抵達山口時，剛好第一道晨曦從後方山壁冒出頭，五座山峰被映照成紅色，像火焰一般驚豔。菲茨羅伊山高三三〇〇公尺，比起臺灣很多山脈都略遜一籌，然而地處高緯度，乳白積雪襯托著紅色很鮮豔，那就是我們的目的地。

有一群韓國人比我們早抵達山口，立刻和金先生夫妻熱絡聊起來，並且拍起各種趣味的照片，金小姐舉起手比個五，說是模仿菲茨羅伊五座山峰，一隻勤快的啄木鳥也愉快地繞著我們，在每根樹幹上東鑽西鑿。我們一直玩到陽光竄出山嶺暖和我們的身影，其他韓國人都先走了，欣慰的是，金氏夫妻沒有說要棄我而去。

之後的道路先是往下，進入群山之間的一片水草豐美的谷地，更接近我心中理想的巴塔哥尼亞，多種青綠和草綠構成了廣闊，橫越草原後就到菲茨羅伊峰山腳。山腳樹林裡有一塊營地，規劃給露營使用，我們在營地遇到幾個登山客，他們才剛睡醒，開始煮水做早餐，他們說這裡的夜晚沒有想像中冷，而且滿天星斗燦爛，眼神卻透露著疲憊。我們在溪邊裝滿水，準備攻頂菲茨羅伊山。

冰川灣前最後一段是崩壁，雖然前年曾攀爬過嘉明湖的向陽大崩壁，相較起來菲茨羅伊峰實在不算什麼；但我們身上裝備完全是輕率隨意，連個拐杖都沒有，金小姐走得很緩慢，我們也就配合著慢慢爬。

一個不到十歲的外國小男孩快步走過我們身邊，矯健地撐著兩支登山杖，俐落爬上傾斜的崩壁，他父親跟在後頭，好像得意地回頭看著我們笑笑。

最後我們終於爬上冰川灣旁的山丘頂，距離菲茨羅伊峰最近的紮營地，從這裡可以看見一池美麗的冰川湖泊、以及後面從菲茨羅伊峰推擠而來的冰川，像從山頂流淌的奶昔似的，畫面充滿土黃色白色與暗藍色。雖然離冰川如此近，卻因為天氣和煦，絲毫沒有想像中寒冷，我們三個呆看了許久，誰也說不出話來。

一個走在我們三個後面的背包客，卻替我們驚嘆出心中的話：「It's a gift...」

我們在冰川灣旁邊逗留的時間比預計更久，吃完午餐盒後，就沿著湖岸散步，或是索性倚在山崖邊睡覺；微風從冰川一陣陣飄過來，帶來沁涼心肺的一股舒暢，是美景抑或是慵懶，我們久久都不忍離去。

回程的路上，金小姐忽然興致一來，決定更改路線繞去卡普里湖（Laguna Capri），然後再回到查爾滕，我沒什麼意見，金先生當然也默默點頭。這是山腳另一座湖泊，據說曾獲選全世界最佳的徒步景點之一，不過不像冰川灣那樣高海拔，是相當幽靜的一個存在；景色異常溫柔，湖水緩緩沖刷著岸邊的細碎砂石，讓我們忍不住脫鞋輕踩。抬起頭，菲茨羅伊山在湖中的倒影隱隱顫抖。

晚風轉涼，我們依然慵懶地坐在湖畔，等太陽隱沒在菲茨羅伊山峰的五指之後。

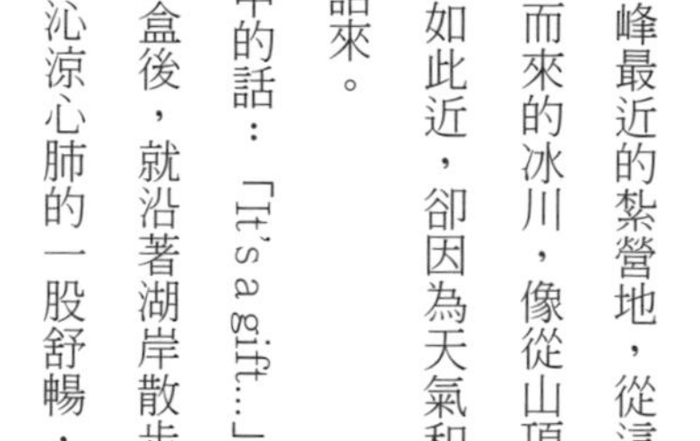

在山腳仰望菲茨羅伊峰

攀登到菲茨羅伊峰冰川灣前看見的景象

Rancho Grande hostel 的四人 dorm 一晚 370 NTD，床鋪相當舒適，沒有提供早餐，位置就在村莊最尾端，從這裡開始是登山起點。另外廚房用具也不夠多，晚餐前後廚房會擠滿人很難下廚，附近有小型超市，但大概只買得到基本食材而已。

這一帶住宿都有 WiFi 極度不穩的問題，大廳電腦要收錢但速度也很差，如果真的需要網路，建議去車站附近餐廳，網路速度還不錯。不建議在查爾滕寄明信片，這是我在南美洲寄丟最多明信片的地區。

攀登冰川灣路線來回約八到十小時，沿路上都有指標。

晨曦下的紅色山丘

荒野紮營的登山客

南美40

最先在查爾滕遇到吳先生的是金小姐他們，金小姐還現學現賣我教她的中文說：「你好！」讓吳先生他們誤以為她也是臺灣人。後來我在查爾滕的路上也遇到吳先生和他的妻子、以及他們的同事倪先生。

幾天後，我才知道他們和我大學同學是同事，世界就是這麼小。

吳先生和妻子也是來南美洲度蜜月，他們在查爾滕的住宿就在我的 hostel 後面，三個人包一棟小木屋，結伴旅行有時候真的比較方便。本來我預計會比吳先生夫妻早離開巴塔哥尼亞，不過我沒買到車票，最後還是搭上同一班巴士。

巴塔哥尼亞的下一站是湖區，從查爾滕過去大約一千多公里，大多數的背包客都走南美40號公路到湖區，這條路和北美的66號公路齊名，是全世界最長的公路之一，沿安地斯山脈貫穿半個南美洲，儼然是這塊大陸的脊椎。

整趟40號公路的行程兩天一夜，幾乎都是在車上度過，偶爾司機累了才放大家休息，通常是在加油站。離開查爾滕後的那個早上，路程都是不平整的碎石子和沙塵所鋪就

南美 40 風光

的簡易道路，震得巴士一路顛簸、很不舒服。吳先生忍不住抱怨說，40號公路好歹是世界級的道路，各家旅行社也宣傳得很賣力，卻沒妥善建設；話雖這樣說著，大概下午接上柏油路後就逐漸平穩行駛，巴士內全是昏睡的氛圍。

長途公路旅行乍看似漫長無聊，但其實待在旅社裡也是一樣打發時間，我自然而然地看著荒涼的公路出了神；自從離開哈薩克後，幾乎沒看見窗外景色可以如此單調，彷彿無垠的時空就在眼前，一小時後回過神，看到的畫面依然差不多。

佩里托莫雷諾（Perito Moreno）只是我們休憩一晚的小鎮，它南方山區卻有個世界遺產：手洞（Cueva de las Manos），據說是布滿史前人類手印的洞穴，但是手洞本身卻因為偏離主要旅行路線，而略顯冷清。

我沒有參觀手洞的想法，但吳先生夫妻顯然很有興趣，他們只跟巴士公司買一天車票，就打算隔天從佩里托莫雷諾去手洞；這並不簡單，佩里托莫雷諾街上竟看不見一家旅行社。我陪他們在鎮上逛一圈，最後遇到一位網咖老闆說，旅行社不多，而且還有開團人數限制，這讓他們很猶豫是否要繼續留在佩里托莫雷諾。

我們在網咖連WiFi上網，我傳個訊息給大學同學，告訴他，我和吳先生在南美洲有遇到：「我們在南美40號公路的網咖。」真是奇妙的狀態。

　回到旅社後，我和吳先生夫妻蹲在他們房間的地板上，用他們在百內露營用的小火爐合煮一包義大利麵；他們說相較於艾爾查爾滕，還是比較喜歡百內國家公園裡的露營設施。我從來沒露營過，很佩服他們在國外還有這樣的興致。聊著聊著，小火爐的水滾了，我們用簡易餐具分吃義大利麵、一罐肉醬罐頭、一大瓶柳橙汁。儘管巴塔哥尼亞的日子過得很拮据，但這頓在南美40號公路的晚餐卻特別有滋味。

　第二天早晨，沒看見吳先生夫妻來搭車，想必是他們最後還是決定留下來看手洞，我和剩下大約一半的背包客上車，繼續往湖區前進。

　這段路是巴塔哥尼亞高原的尾端，遼闊的平原已經逐漸越形鬆散。巴士繞過山路，一路向北走，南美40公路不像臺灣省道近乎是直直往前，從地圖上看來，有時繞東有時轉西，只大致上維持迂迴往北的方向。

　最後一次的休息是在巴里洛切城鎮外加油站，此時車上只剩下十來個人，其他人陸續在半途下車。巴士開進市中心時，早已過晚上九點，我在一棟半廢棄的百貨公司前走下了車，仰望夜空，細細的水珠是雪一般飄落。

　溼淋淋寒氣浸透了我的外套，我背著背包走進hostel，洗滌兩天公路之旅的疲憊。

佩里托莫雷諾街景

休息站廁所門口的手洞示意圖

南美 40 風光 2

Chalten Travel bus 公司走南美 40 公路的巴士 4550 NTD。除此之外，查爾滕還有另外一家 Marga/Taqsa 走南美 40 公路，價錢差不多，但它是二十四小時不停直接衝到湖區，凌晨發車晚上到達，比較受歡迎；兩家的發車日子錯開，Chalten Travel bus 一三五發車，Marga/Taqsa 二四發車。

第一天早上九點發車，抵達佩里托莫雷諾大約晚上七點，然後分配乘客住六人 dorm，隔天早上七點四十五發車，晚上九點抵達巴里洛切。兩天三餐都不包含在內，用餐時間會找餐廳停下來讓大家吃飯，還是建議自己攜帶食物和水。

南美 40 風光 3

南美 40 風光 4

芬芳巧克力

阿根廷湖區對臺灣人而言可能很陌生，卻一向是歐美人喜愛的度假勝地，優雅的街道上林立可愛的商店、木造房屋，飄著街巷可聞的巧克力香氣。

聖卡洛斯－巴里洛切（San Carlos de Bariloche）是湖區最主要的城市，也曾經是切．格瓦拉橫渡南美洲的其中一站，他正是從此處去智利。後來常有人問我最喜歡南美洲的哪個地方，我都答不上來，火地島、巴塔哥尼亞、馬丘比丘，各有各的特色，但如果說是住起來最舒服的城市，卻莫過於巴里洛切吧！

儘管我到巴里洛切的前兩天都下著雨，雨水持續敲打在窗台，從納韋爾瓦皮湖（Nahuel Huapi）吹來陣陣寒風，夾帶一股不尋常的凜冽，那時候我真不明白湖區已經遠離巴塔哥尼亞，怎麼寒顫卻有過之而無不及。

但從南方來到湖區，有點鄉下人走進大城市的新鮮感，巴里洛切的觀光客多，卻不

大教堂的祈禱

夜晚仍繽紛的巧克力店

像背包客那樣寒酸模樣，而是拖著行李箱走在街上、進出巧克力店採購紀念品。巴里洛切市中心是個由木造鐘塔和城樓所圍成的廣場，牆壁是石造的，像中世紀堡壘一樣古意。在城市另一端還有美麗的大教堂，靠近湖岸邊公園，內部寬敞莊嚴，彩繪的馬賽克玻璃窗明亮潔淨，並非世界遺產，但平凡地很能讓人駐足徘徊。

巴里洛切的食物在阿根廷算便宜美味，我終於吃到阿根廷燉鹿肉，味道像是多筋有羶味的牛肉。當然有名的熱巧克力也不容錯過，專賣巧克力的商店用鮮豔的色彩裝潢招牌的標語，像反斗城一樣堆滿禮盒。通常點熱巧克力都附贈小餅乾，喝起來或濃醇、或甜膩，帶來些許暖和。

算算從旅行至此，我在阿根廷竟然閒晃三個星期，旅行前半段時間排得非常鬆散，在火地島、巴塔哥尼亞都待很久，其實沒這麼多景點可參觀，純粹沉溺當地生活。但是在旅行後常常回想起的，不是那些古蹟，而是耗在漫無目的的無聊中。

曾經有這麼一個下午，我無意義地只是沿巴里洛切湖岸走了兩小時，看湖岸邊各式各樣的歐式別墅、度假中心、遊樂園或餐廳，和許多慢跑的路人揮手致意。最後我走到一個擠滿帆船的碼頭邊，喝了一杯太過甜膩的咖啡，讀自己的書，想想這樣好像太浪費時間，卻又有種巴里洛切 style 的滿足感。

享受了兩天單人房，在離開阿根廷前的最後一晚，我搬去頗富盛名的 Penthouse 1004，後來，我常推薦給其他背包客，它大概是我住過最好的 hostel 吧！

Penthouse 1004 的位置得天獨厚，鄰近主廣場，更絕妙的是高居十層樓，面向納韋爾瓦皮湖。作弊程度的地點足以開高級飯店，卻幸運地被背包客擁有。我從沒想過在 hostel 浴室洗澡，還能邊欣賞壯麗湖景，而當夜幕垂落，華燈初上，市民廣場綴滿鵝黃色路燈，映在窗戶玻璃閃爍著。

有趣的是，我竟然在 Penthouse 1004 又遇到我的韓國朋友，金先生夫妻，他們比我晚了兩天離開巴塔哥尼亞，卻很有默契地住進同間 hostel。當天下午我在屋內看見他們站在外頭陽台上，悄悄走到他們身後，用我曾經教他們的中文問他們：「很美？」

金氏夫妻倆轉過頭看到是我，驚喜地大聲歡呼，相互擁抱，沒想到一千公里後，我們又在湖區相遇；我們當天晚上在 hostel 下廚煮飯，一塊用餐。他們夫妻倆會繼續留在阿根廷，而我隔天要前往智利，這次一別，就真的不會再巧遇了。

金小姐說韓國背包客都知道這間 hostel，他們膩稱這是天使的 hostel，因為 1004 在韓語發音類似天使。「不過，你們中文唸千四，不也是很像天使嗎？」

她竟然提醒我的中文，我愣了一下，這倒是從沒想過。

主廣場夜景

陽台上的巴里洛切湖光山色

Penthouse 1004 hostel 六人房一晚 400 NTD，CP 值極高，幾乎找不到可以挑剔的地方，不過旺季時要提前預定，很容易客滿。我住過另外一間 Hosteria Portofino，單人房一晚 740 NTD，WiFi 很好，但是沒有廚房沒有早餐。

從市區到巴士站的計程車 110 NTD，過境到智利的巴士可以跟市區的 Via Bariloche Company 購買車票，888 NTD，早上七點半發車，下午兩點左右就到智利蒙特港。

巧克力店窗外

主廣場的木造塔樓

智利

二十首情詩與一首絕望的歌

Chile

chapter
02
FIN

雪的安地斯

「我往前望是屬於未來的智利，往後望是屬於過去的阿根廷，心中喃喃念起西瓦爾的詩句：『我感覺我的根部裸露在土外，自由自在。』」——一九五二年初，切．格瓦拉搭乘端莊維多利亞號，從巴里洛切渡過富莱亞斯湖到智利。

從巴里洛切開始，我的旅程正式和切．格瓦拉會合，我背包裡面放著他那本《革命前夕的摩托車日記》，邊讀著切．格瓦拉的心情，邊跨過安地斯山脈，從阿根廷的湖區前往智利的湖區。但切．格瓦拉當初是乘船運送他的摩托車，我則搭巴士繞過納韋爾瓦皮湖，離開如探戈般奔放的阿根廷。

孤獨的旅行很容易讓人沉浸，細細追憶過往，切．格瓦拉總是在旅程中懷念他的齊秦娜，而我也常想起遠方的人；不過比起在火地島那時候的灰暗低潮，到智利之後漸漸專注在旅行上，更能感受南美洲的樂趣，但好像比較沒這麼深刻。

清晨七時，湖區的天際尚未乍露曙光，巴士站擠滿靜默等待過邊境的旅人，我提早半小時到，正站在路旁吃早餐，此刻有個眼熟的亞洲背包客迎面走向我。

安地斯山脈隘口

雪的安地斯

「嗨！好久不見！」他熱情打招呼，而當下我只覺得他的鬍鬚似曾相識。

我一時之間有些糊塗，後來上車後才猛然想起，他是在卡拉法特同間 hostel 的泉川孝先生，暗自責怪自己認人能力真是太糟糕。

入境智利的通關口岸在納韋爾瓦皮湖的北岸山崖，車先繞過湖泊，再往北一路開到拉安戈斯圖拉鎮（Angostura）；早晨的湖區霧氣瀰漫，湖泊被蒸騰得很朦朧，大部分乘客都在睡覺，巴士開始駛進山區，前方就是安地斯山口。

第一道關卡是阿根廷的出境處，一棟攔在山路間的小房子，巴士停在出境處前，乘客陸續下車排隊辦手續，我和泉川跟在隊伍最後頭；出境處人員對於我的護照很有意見，翻來覆去瞧了很久，看得我有點不安，熱心的泉川忍不住又再跑進來關心，再次溝通後才發現原來是我忘記附簽證，這才很快順利放關。

安地斯山脈的山口一路上覆蓋滿滿壯觀的雪景，白亮亮的世界，包夾從阿根廷通往智利的道路；我很幸運地坐第一排面對前窗，看著凝結的水露不斷從車頂震落，在窗上拉出水漬，模糊了視野，我不時伸手擦乾上面的水氣。

大雪的景象似乎讓氣氛都被冰封住，車內也寂靜無聲，我回頭看見乘客都醒著，臉上的表情卻好像都還在夢境中，巴士繞過一個又一個彎。

大約半小時後才抵達第二道關卡，智利的入境處，我們先把隨身行李擱在旁邊，再排隊檢查智利簽證。此時，有個警察牽隻警犬進來，顯然是要搜索違禁品之類的，只是那隻警犬可能本身就有嗑藥，莫名亢奮地爬上鑽下，沒嗅幾個包包就跑過來跟我們撒嬌；那位警察也是手忙腳亂無法控制警犬，逗得在場旅客都笑了，最後警察尷尬地快速把牠帶出去，但是輕鬆的笑語依然留在入境處。

等乘客都辦完手續，我們正式進入智利境內，開始往山下湖區而去，我又不自覺地陷入另一場沉睡，直到奧索爾諾（Osorno）才醒來，氣候暖和一些了。

智利全長四千三百公里，幾乎是十多個臺灣連在一起的長度，其中還有一段是不連續的峽灣區，將湖區和巴塔哥尼亞高原分隔開；很難理解，這國家的人怎麼可以忍受國土這麼破碎，我邊吃著午餐盒邊仔細研讀地圖和旅遊書，盤算在智利的這段時間，該怎麼分配給從南到北一連串的城鎮。

巴士短暫停靠在奧索爾諾後，再往南開一個多小時，就抵達智利湖區最大的城市蒙特港（Puerto Montt）。這裡是智利峽灣區的起點，也是搭乘渡輪前往百內的出發站。

雨水持續洗刷著湖區，我們已站在港岸遙想著智利有名的峽灣了。

雨港小屋

跨越國境後的首要任務，就是先解決金錢的問題，泉川需要一台提款機，我則要找換匯中心換錢。原本我打算直接離開蒙特港往北走，但是泉川要在蒙特港停留一天，那時候我認為蒙特港沒有什麼有趣景點，不過也不是這麼急著趕路，換完錢後想想，就決定在蒙特港待一晚。

緣分如此奇妙，在卡拉法特沒來得及深交的泉川，竟成為我在智利的一個旅伴。我從換匯中心回到車站大廳時，泉川正在跟一個陌生阿姨說話，然後告訴我：「她說她家就在車站前面的山丘上，可以安排我們住宿。」說完，還很認真地拿出手機給我看：「好像就是我朋友推薦的 Meggy's house，要不要去住？」雖然泉川也沒什麼把握，但我沒有意見，就跟著泉川和 Meggy 走去她家。

Meggy 領著我們爬上車站前小山丘，轉進巷子第二間就是她家。Meggy 家外觀很簡潔，一條大狼狗晃著尾巴跑出來迎接 Meggy，後面跟著一隻走起路還跌跌撞撞的小狗，小狗不到一個月大，大概就狼狗的頭那麼小而已；等我們脫下鞋子，牠就迫不及待過

蒙特港內港

蒙特港市區

Meggy 家後院堆放滿劈好的木柴

泉川與 Meggy 家的舒適感

來咬我們襪子，模樣極為逗趣。

蒙特港是整趟旅行中唯一一次住民宿，但我和泉川都非常滿意 Meggy 的家，無論裝潢或布置都很別緻；小抱枕、木製坐椅、綴有蕾絲花紋的窗簾、牆角堆滿小熊玩偶，房間裡每張床都繡著美麗的拼布花紋，處處透露家的溫馨。廚房牆上掛了很多相片，大多是 Meggy 孩子的照片，不過卻沒見到 Meggy 其他家人住在這裡，我和泉川有默契地決定不多過問 Meggy 私事。

雖然我們是客人，但 Meggy 也很有自己的個性，她會要求我們安靜，不要坐她母親的椅子；當我和泉川試著詢問她願不願意晚上煮幾道蒙特港當地的智利菜，當然我們會付晚餐錢給她，Meggy 竟斷然拒絕：「我晚上不開伙的。」

但是 Meggy 告訴我們，來蒙特港，就一定要去嚐嚐看 Curanto，是智利南部有名的海陸拼盤，泉川聽了後，就嚷著想去魚市場。

這天下午沒行程，我們除了逗狗就是躺在床上聊天、整理行李和照片什麼的。

旅行最煩人的一部分就是不斷把背包裡的東西攤出來，隔天再照順序塞回去，到後來好像陷入一種節奏；流程涵蓋從認識一座新的城鎮、揮別熟悉的她、收集資料、搭

Meggy 與小小狗

串門子的阿姨

車轉車，動作越來越制式，熟悉俐落像當兵似的。

傍晚前，我和泉川結伴去山下的魚市場。在那之前我們先到Meggy家附近的山丘頂，俯瞰整座蒙特港，眼界範圍內盡是各式現代化商場、巴士站、貨運港口，再遠一點的山崖似乎有個巨大基督像，在南美常見到這種仿里約塑像。城鎮外圍是巨大的奧爾索諾火山，但都因細雨而顯得迷濛。

在前往魚市場的路上，路邊有個搬紙箱的大叔忽然指著我喝：「喂！你的相機！」當時我正忙著換裝相機電池，一時沒反應過來，是泉川提醒我要多注意相機安全；他說，南美洲的相機非常貴，聽說還有南美人特地飛去美國買相機。為了分散風險，他自己帶兩台相機，一台單眼和一台隨身相機，平常上街只用破舊的隨身相機。旅行中最累的就是一直提防偷竊和人身安全，搞得自己有點神經質。

我們聊了很多旅行中被搶被偷的經歷，泉川對我在哈薩克被綁架的事嘖嘖稱奇，不過他自己甚至被人用槍搶劫過，他有朋友甚至在非洲被同一個歹徒連搶兩次。說得稀鬆平常，世界上確實有很多不這麼安全的地方。

聊著走著，我們已經來到魚市場入口，遠遠就聞到海水腥味飄逸而來。

扇貝與馬鈴薯

托泉川的福，蒙特港的魚市場是我這趟旅行最驚喜的體驗，平常的我可能沒那個膽去逛這種位在城市邊緣的漁獲集散地。

我們到的時候其實晚了，魚市場收了一大半，但人潮也少很多，這時候的泉川讓我見識到他親和的一面。通常我不太會跟當地人說太多，但泉川就是可以每條魚都問名字，甚至有個根本不會說英文的魚販，熱心地跟泉川展示他的漁獲，邊說邊拿條魚塞進泉川手裡，泉川聊得很開心，最後竟然轉過頭來問我：「他剛才說什麼？」

我們在魚市場角落遇到一間小吃店還開著，他們在桌上擺滿杯子，裡頭以各種比例裝填海鮮，章魚、蛤蠣和蟹肉之類，僅僅視覺就鮮味十足，是蒙特港常見小吃。我們討論後決定合點一份，看老闆娘把雜匯倒進碗裡，淋些檸檬汁，撒上香菜。

海鮮雜匯的味道很獨特，食材彼此混合出複雜口感，我們在店裡面也是很顯眼的存在，隔壁桌的智利大叔一直試圖提醒我們，怎麼不來罐啤酒呢？

魚市場的後面是海港，我們在港邊看著漁船上的工人搬運漁獲，從船艙到港口岸上。

泉川與魚販聊得投機

枯守攤位到打嗑睡的人

智利幣兌新臺幣匯率以 17 : 1 計算（二〇一四年），以下皆以新臺幣為單位。

Meggy 的家四人 dorm 一晚 350 NTD，但 WiFi 要額外收費 60 NTD，家裡擺設很溫馨很有特色、床鋪舒服、很推薦體驗一次道地民宿。雖然距離巴士站很近，不過到市區有點遠，不適合要在蒙特港久待的旅客。

夏季的時候，蒙特港有發往百內的蓬塔阿雷納斯（Punta Arenas）的船班，航程三天三夜，參考 NAVIMAG 網站。（http://www.navimag.com/site/comunicado-oficial/）

魚市場師傅去鱗跟影印機一樣快

市場餐廳

餐廳的廚師俐落地從盆子裡抓起一條魚，正面反面切幾刀，把魚鱗全部去乾淨，再甩到旁邊裝好冰塊的保麗龍箱裡。趁我在看魚料理時，泉川已經和旁邊的阿姨聊了起來，這幾個阿姨是樓上一間餐廳的員工，她們一直拉泉川去店裡吃海鮮，泉川真的厲害，總是不介意和推銷的人閒聊。

果不其然，泉川決定就去那家餐廳，我依然隨性地跟著過去。那是一間小巧的海產店，玻璃櫃塞滿各種海鮮和冰塊，店內座位卻只有兩排、客人也不多，窗外可以看見灰撲撲的港口和天空。然後，主餐 Curanto 來了。

Curanto 這種海鮮總匯包含巨大的蛤蠣、幾片扇貝，還有馬鈴薯，我跟泉川吃完幾口後交換心得，泉川說馬鈴薯很像關東煮的魚漿，我想到的卻是基隆的甜不辣。

坐在隔壁桌的女孩看我們兩個是外地來的，很熱心地告訴我和泉川，這些馬鈴薯分

不會講英文也能推銷的魚販

Curanto

別是普通馬鈴薯、另外則是把馬鈴薯泥攪和著麵粉揉捏，放進智利南方特有的地下烤爐烘烤做成的，所以吃起來比較黏膩。Curanto的由來就是因為南方這一帶的峽灣很多、土地貧瘠，栽種作物很不容易，因此當地主食幾乎都是馬鈴薯為主，再加上這一帶漁獲豐富，才發展成稱為 Curanto 的這種海陸拼盤。

「我純粹好奇，你們多久會吃一次這種 Curanto？」泉川邊吃邊忽然問她。

「我們的食物選擇不多，從小就幾乎是每天都吃。」女孩回答。這一道具代表性的精采佳餚，竟蘊含著南智利人百年來的生活方式，以及如何適應天然環境的韌性。

這一頓所費不貲，但我和泉川卻極是滿足，當我們步出魚市場時，已經差不多天黑；這整天天空都混沌灰暗，看似淺灰和深灰的差別，我們沿著原路走回 Meggy 家，蒙特港不是什麼有趣的觀光城市，店家早早歇息，路途走得很寂寥。

雖說是臨時起意，才在蒙特港停留一晚，但那個夜晚卻是旅程中最值得回味的記憶。Meggy 家民宿迥異於一般的 hostel，沒有我們習以為常的喧嘩吵鬧聲、排隊等洗澡的背包客。Meggy 根本不需要要求我們安靜，我們在小客廳靜謐地怡然自得，各自做自己的事，小狗搖搖晃晃走過來，又默默咬著我們的襪子。

湖畔

泉川原本的計畫是要去普崗（Pucon）爬山，後來換他被我影響，他考慮一個晚上，第二天早上說他決定跟我一起去巴拉斯港（Puerto Varas）。

巴拉斯港不是什麼大城市，跟鄰近的蒙特港、普岡比起來較少受到青睞，但因為在美麗的延基韋湖湖畔（Lago Llanquihue，智利第二大湖泊），正對著東岸的奧爾索諾火山和安地斯山脈，吸引一些愛好平靜湖光的背包客前來。據說智利政府想將巴拉斯港定位成智利的巴里洛切，目前看來，規模完整度遠遠不足。

我們兩個一早就把背包扛到樓下，一起吃Meggy做的早餐，相當美式的麵包、咖啡、牛油和果醬，卻有家庭式早餐的氣氛。我們輪流給Meggy一個熱情擁別，隨後走下山到車站，僅只半小時後已經來到巴拉斯港。

我和泉川就在街頭揮別，各自去找自己的住宿，旅人就是這樣子，隨時一拍即合、隨時珍重再見，自此以後我再也沒見過泉川。

當初選擇來巴拉斯港，只為了一睹隔著湖水看奧爾索諾火山的感覺，但可惜連續幾

釣客、延基韋湖、奧爾索諾火山

巴拉斯港街景

蒙特港巴士站到巴拉斯港的小巴士很多，車票 47 NTD，半小時車程。

Hostel Azul 四人房一晚 470 NTD，WiFi 還可以，沒有早餐但有設備不齊全的廚房，不是很推薦這間。出入時大門會自動上鎖，而且位置很差，到鎮上大概十分鐘左右，距離 Cruz Del Sur 巴士站較近，但買票還是要到 Cruz Del Sur 在鎮上的總公司。

巴士從巴拉斯港到聖地牙哥約 1060 NTD，車程約十一小時，約晚上九點半出發，雖然是夜車，座椅卻很不舒適無法躺下，車上有提供毛毯。

天都陰雨；雲層低低地故意遮掩火山口，卻剩下半截的火山底座，湖面映照的都是雲朵，巴拉斯港灰暗得像披上千絲萬縷的薄紗。

我沿著延基韋湖湖畔漫步一下午，發現附近湖岸有個巨大雕塑，面向湖面異常顯眼；等我走近了之後，才看見那是個海妖精的造型，她的雙手迎向延基韋湖，動作婀娜多姿。在海妖精後面是個木馬造型的巨大推車，意義不明地模仿特洛伊的木馬，我在細雨中看著湖面，偶爾也有遊客晃過來加入我，就同樣遠望。腳跟前的海岸邊有個正在釣魚的老人，反覆把魚餌拋線甩出去，動作也一樣靜默。

巴拉斯港是個很迷你的城鎮，市中心主要街道大略就縱橫各三條，市中心大多是三層樓以下木造建築，一種樸實和平緩的精緻，沒有巍峨教堂、古老碉樓之類，認真說起來就一個跳蚤市場賣各種昂貴手工藝值得逛逛。

但我沒什麼心情享受小鎮，因為我每次旅行必定遭遇的腸胃炎在這時候發作了。現在再重新反省一次，之所以腸胃炎，可能的原因包括蒙特港的 Curanto、在湖邊淋雨所以感冒了、更或許是在巴拉斯港吃了自己煎的牛排。

先前聽吳先生說巴塔哥尼亞一帶的牛肉很便宜，就很想試試看煎牛排。巴拉斯港實

鐵絲纏繞成的海妖精雕塑

在沒什麼精采的餐廳，那天，我在超市挑一大塊牛肉，在廚房找到平底鍋和油，讓牛排煎得吱吱響。煙霧從廚房的各種角落飄散流竄瀰漫，好像失火一般，最後那塊牛排似乎焦了不少，實在看不出煎熟的程度，卻也是將就吃完。

這下可慘了，當天晚上在夢境中就開始發熱發燒，緊接著是熟悉的腹瀉，半夜裡腹痛醒了好幾次，第二天更幾乎是徹底昏迷。整段巴拉斯港的記憶，最後殘存的只剩悲慘的臥病在床，睡睡醒醒。

唯一可以慶幸的是，我住的 hostel 位在郊區，環境相當清幽，至少是養病的好地方；住這裡的旅人也不是那種喝酒吵鬧的人，大多只是會坐在 hostel 客廳看報的老夫妻。而且這段期間的時間抓得比較寬裕，不用趕著上路，只是從蒙特港以來，湖區的天氣一直都很差，我臥病在窗邊，看外頭陰雨斷斷續續掃過。

兩天後，雖然病還沒完全好，身體還是非常虛弱，但我仍打起精神背著背包、拎著一袋填肚子用的麵包，坐在夜晚的巴士站門口，看著暗夜裡的街道，等待一班前往首都聖地牙哥（Santiago）的車。

冰淇淋店的熱情店員

寂寞復活節

抵達聖地牙哥約莫早上八點，但隨後我卻在街上迷路兩小時。起先是不知道自己方位，問過很多店家，後來是因為 hostel 搬動過，原先古色古香的樓房讓給別人當辦公室，新承租公司的職員很好心，幫我把周遭地圖印出來，我卻忘記問他們是做什麼的。Hostel 搬到另一棟也是巍峨的大宅邸，一樓裝潢古典高雅，二樓卻像年久失修的鬼屋，我第一次住這種舊式的洋房，只覺得地板踩起來吱吱作響很有感覺。

我把行李丟進房間後，傳了一個訊息給 JL，JL 是我在 PTT 世界自助旅行版（www.facebook.com/groups/142317599238138/）認識的版友；前不久剛好看到他說他在智利，正從北邊過來，也將要抵達聖地牙哥，於是我們相約到時候見，只是我們都沒想到時間配合得這麼剛好。

連絡上時，他也才到達聖地牙哥，更巧合的是他的 hostel 就在我隔壁街上。JL 跟我一樣是辭了科技業工作環遊世界的背包客，眼睛瞇瞇的常被誤認為日本人，而且他穿著總是色彩斑駁的寬鬆布料，我常覺得長途背包客好像都這類風格。

氣派的 hostel 大廳

聖地牙哥步行街

沉醉在自彈自唱的清潔工

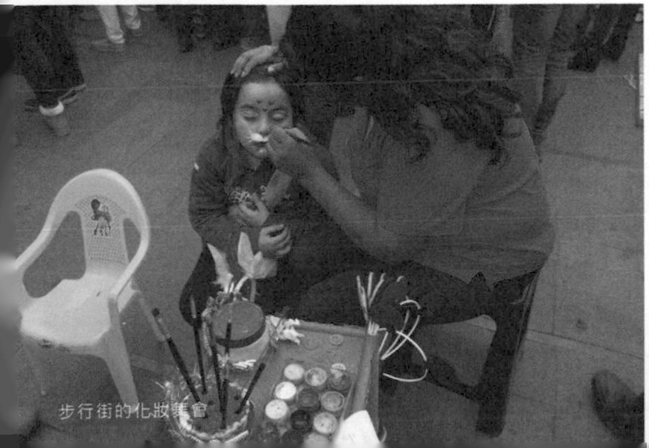
步行街的化妝舞會

這位智利大叔顯然是聽不懂中文了

我們寒暄一陣子，隨後結伴前往聖地牙哥市區觀光，從我們住的巴西區到市中心有一段距離，過了幾條街才到武器廣場周圍的步行街；聖地牙哥和布宜諾斯艾利斯有一部分很相像，都有明顯努力歐化的風格。雖然聖地牙哥建築雕飾比較單調，看起來破舊許多，但氣氛活潑，整體而言逛起來更有趣。

對於第一次抵達聖地牙哥的我們，所有的一切都很新鮮，比方說我們嘗試一種稱為 Mote Con Huesillos 的果汁，這是類似水蜜桃汁的飲料，但裡面添加很多去殼小麥，我們不太理解為什麼智利人這麼愛喝。步行街常有表演的街頭藝人、慷慨激昂在街上發表演說的老人、辦化妝舞會的學生、街頭布偶戲，甚至有一次我看見清掃垃圾的黑人，掄起掃把自得其樂地演奏，智利人在日常生活方式明顯比阿根廷更活潑。

我向 JL 請教很多下廚方式，他經驗豐富，甚至隨身都攜帶調味料與米袋；我沒有任何料理概念，找到什麼就煮什麼，他知道我腸胃不適後，就教我怎麼自己煮飯。

煮飯遠比煮義大利麵困難，還要準備各種配料，在聖地牙哥能買到的玉米都是澱粉玉米，煮出來口感很差。這週末的時間很漫長，我有足夠時間慢慢磨練技巧，一開始不懂拿捏分量，不懂什麼是一杯米五碗飯，竟然一口氣就煮了五人份吧！吃不完，看

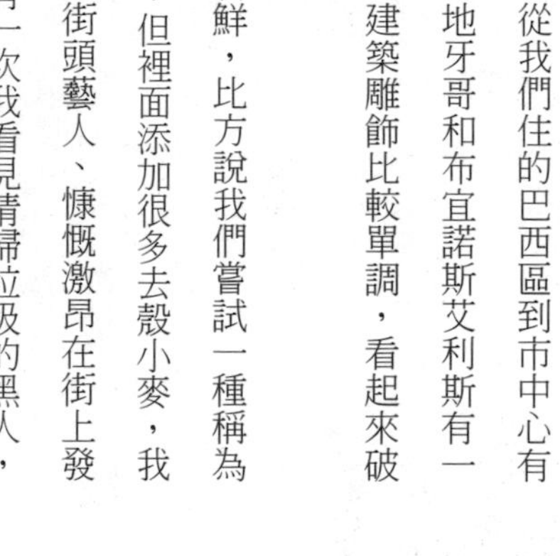

步行街果汁攤

著整鍋雞茸玉米粥不得已浪費倒掉，心底滿溢罪惡感。

腸胃炎本來稍微緩和了一些，我以為大致痊癒，但是和 JL 去吃過雞排飯後，當天晚上開始劇烈腹瀉；隔天腹瀉停了，半夜兩點卻被一陣抽痛痛醒，再也睡不著了。

這次的腸胃炎好像比之前旅行發生的更嚴重，我在床上胡思亂想，南美洲走不到一半，我開始害怕會撐不過去，恐懼逐漸蔓延。熬到半夜三點半，我傳個訊息給之前寫《批踢踢鄉民的冒險》的另一位夥伴貝琪，在那個時候，她是我唯一可以求救的人。

貝琪很巧地剛好在線上，她不愧是醫療人員，用臉書訊息幫我做一些初步診斷，告訴我可能的病狀，哪些東西不可以吃，其他的就只能等自我療癒。

最後即使是我離開聖地牙哥時，病痛依然像陰影一般繚繞在心上，就像在新疆住院、在羅馬尼亞病到嘔吐，從一開始的慌亂，到後來能逐漸靠意志力克服困境，我一直知道撐過這關，未來會走得更順利。

雞排和珍奶

二〇一四年的四月，智利放了三天的復活節假期，那段期間我在距離復活節島最近的地方，卻始終沒踏上復活節島。復活節島的本名是拉帕努伊島（Rapa Nui），由於是在復活節發現該島而命名的，島上招牌的就是面頰削瘦的摩艾像，不過我和 JL 查到機票的價格，不約而同默默放棄看摩艾像的念頭。

聖地牙哥在整個復活節假期都是空城，各家商店大門深鎖，只剩下少數的超市，街道上幾乎沒有行人，放假放得徹底，這種場景在臺北大概只有農曆年看得到。

JL 說，智利的物價雖然高，可是他們的薪水也遠高於臺灣，大學生畢業的起薪大概就有七萬五左右，要知道智利的經濟非常好，在南美洲各國中特別突出。但他們該放假時，連最基本的服務業都不會營業，平常最熱鬧的武器廣場步行街也是一片寂寥；我和 JL 都是科技業出身，對於這種閒散的態度一度不可思議。

我們很快就發現巴西區有很多的大學，智利的高等教育很普及，在我 hostel 的對面就有一間學校；有趣的是，南美洲學校沒有什麼所謂校園，可能就只是路邊一棟大樓，

聖露西亞山美麗的樓堡前

Happy house hostel 八人 dorm 一晚 590 NTD，早餐不錯但另外收費 120 NTD，大廳美輪美奐，WiFi 堪用不是很穩；房屋老舊，走動都會傳出木板吱呀聲，生活機能較差，附近是有超市和洗衣店，但到市中心比較遠約十五分鐘，到機場的計程車約 760 NTD。

聖地牙哥的巴士站在地鐵站 Estacion Central 附近，從聖地牙哥到瓦爾帕萊索的巴士 235 NTD，班次很多，但假日還是建議先訂好，來回票價不一定一樣。

Bala 哥雞排店的 FB 網站是 https://www.facebook.com/pollochang，請多多支持。

聖露西亞山入口噴泉

聖露西亞山山頂與聖地牙哥市區

有的甚至連圍牆都沒有，路過探頭就可以看見黑板。

雖然整個復活節假期我都在生病，身體很虛弱，但悶在旅社一直拉肚子很無聊，我不想浪費旅行時間，每天還是盡量在市區慢慢走動兩三個小時。

巴西區距離智利的舊總統府，莫內達宮（Palacio de la Moneda）很近。莫內達宮前面立了一展巨大的智利國旗，第一次看到時我和 JL 都很訝異，因為智利國旗真的很像中華民國國旗，相同的紅藍色色調，左右顛倒而已。

莫內達宮是智利一九七三年血腥政變的現場，對於智利人來說很具有歷史意義。我們排隊排了很久，還一度因為 JL 沒帶護照擔心進不去，最後我們都通過完整搜身和 X 光機的檢查，以及身分確認；好不容易終於進到莫內達宮，卻只看到兩個宮苑，原來裡頭所有的房間都不開放，讓我們大呼上當。

隔天，我搭乘地鐵到聖露西亞山（Santa Lucia），這座美麗小山丘在建築單調的聖地牙哥格外搶眼，好像只有她領略到布宜諾斯艾利斯的美感；曾整修成修道院和軍事機關，儘管入口的碉樓是如此精緻，山頂直至後山，仍然堆滿拙劣的磚牆。

聖露西亞山藏有許多道崎嶇向上的小徑，這裡也是情侶幽會的熱門地點，不只是那

莫內達宮

些糾纏在座椅上的人們，山腰的情人樹也被刻滿預定的名字。

聖地牙哥有個臺灣人必定報到的大本營，就是 Bala 哥開的雞排店，我總共拜訪雞排店三次。第一次是和 JL 一起去，當時是復活節假期，雞排店沒有營業；第二次是離開聖地牙哥前我單獨去的，不巧 Bala 哥不在，但還是被他們親切招待一杯珍珠奶茶，我從來不知道喝到珍奶是如此感動……

當天稍晚第三次再造訪時，總算遇到 Bala 哥。Bala 哥是個喜感又熱情的道地臺灣人，很照顧來智利的同鄉，他先是要招待我吃雞排，我雖礙於腸胃炎不能吃太油膩的食物，但還是被塞一支香腸。以前聽人家說什麼鄉愁，總覺得難以體會，旅行時，我幾乎不曾想家，但原來簡單一道臺灣小吃就可以觸發那種情懷。雞排店的櫃檯放了一本專門給臺灣人的留言本，熟悉的語言就如同珍珠奶茶一樣令人懷念。

Bala 哥說，雞排店就是個補給站，給遠道而來的臺灣旅人一點力量；他推廣臺灣美食到地球彼端至今，漸漸地讓更多智利人愛上臺灣食物。

Bala 哥雞排店

「每一次探險都有兩個端點，一個是起點，另一個則是終點；假如你真的想要完成這段旅程，那麼就不要反覆考慮這其中的過程。」——切．格瓦拉

印象中，智利好像是個多災多難的國家。

才抵達南美洲，就聽說智利發生大地震，JL 說那時他剛好在地震中心附近，那晚他們紛紛跑出房子避難，老天保佑，沒有太大災情。

一個星期前，我在蒙特港 Meggy 的家時，就看見電視新聞不斷報導大火災的畫面，就連遠在臺灣的朋友都不約而同地傳訊息給我；瓦爾帕萊索（Valparaiso）發生智利有史以來最大的火災，燒掉兩三千棟民房。當時我很遺憾，還沒去到這座極富盛名的城市，就被一把火燒個精光。

位於太平洋沿岸的瓦爾帕萊索是個海港，也是全智利最美麗的文化之都，距離聖地牙哥僅兩小時車程，復活節假期最後一天，我和 JL 無可避免去了那邊。

看起來，一週前的大火似乎沒有波及市中心。四周丘陵不像是歷經祝融焦黑的痕跡，

WE ARE NOT HIPPIES
WE ARE HAPPIES
我們不是嬉皮，我們是快樂的人

窗台邊的狗

撿到野生的海軍情侶

塗鴉創作進行中

細緻的磚瓦是一花一天堂

沒造成什麼遺憾的文化損失，依舊是智利人最愛的度假聖地。雖然聖地牙哥在整個週末放空城，前往瓦爾帕萊索的巴士卻是班班爆滿。不過瓦爾帕萊索也以治安差聞名，之前就聽聞有臺灣夫妻當街被人搶劫，讓我有些疑懼不安，幸好這次有 JL 同行，旅行儘管孤獨自在，有時還是會需要夥伴啊！

我們到瓦爾帕萊索之後，再搭當地公車到城市西邊的索托馬約爾廣場，這個廣場位在港口旁；後面是被我和 JL 戲稱是海軍總部的大樓，前面是伊基克英雄紀念碑，紀念在南美太平洋戰爭中陣亡的將士。戰爭起因於西班牙殖民後，智利和祕魯疆界未定，一八七九年，智利一路打到祕魯首都，也難怪智利和周邊國家關係一直不太好。

這是個多山的城市，有好幾條小纜車通往山坡，每一條纜車路線都只有一兩分鐘車程，走路說不定不會比較慢；山坡上的街區都是美麗的塗鴉，每棟房屋都像是藝術品，街道就是畫廊，以鮮豔的顏色彩繪牆壁街角，美感就像深植在居民身上的基因。

瓦爾帕萊索很值得花一整天的時間，慢慢走，慢慢欣賞不同的畫風，狂野的、立體的、創意的、諷刺的、超現實的，我和 JL 不停拿出相機，捕捉所有看到的創作。

在塗鴉巧妙點綴下，瓦爾帕萊索就是活生生的平民藝廊，有些人說她是嬉皮城市，嬉皮通常是帶著負面意涵，意思是指這些人搞藝術的、不務正業，但當我們從山頂往海岸線走，卻看見在面海階梯上，幾個斗大的字寫著：

「我們不是嬉皮，我們是快樂的人（We are not hippies,We are happies）。」

簡單一句話，強力捍衛他們的浪漫，無論這些浪漫的藝術家評價如何，但這座城市確實因為他們而美好，全都是一筆一畫建構出來。

瓦爾帕萊索最著名的地標是聶魯達（Neruda）之家，在遠離市區的另一座山丘。聶魯達是一九七一年諾貝爾文學獎得主，智利的國民詩人，著有《二十首情詩與一首絕望的歌》詩集膾炙人口，據說切．格瓦拉摩托車之旅時，也曾來過這間聶魯達之家。

聶魯達之家俯瞰整個海港城市，有著鮮豔的外牆和寬闊格局，不過最後我和 JL 沒進去參觀；對我們而言，瓦爾帕萊索精華並非聶魯達，而是那些街頭巷尾的平民藝術，是我們在巷內找到的獨特創作。轉眼間，我訂的回程聖地牙哥巴士時間差不多到了，而 JL 決定留下來，繼續探索瓦爾帕萊索的奧妙。

我們在聶魯達之家分別，我跳上計程車，直奔車站。

兩個月後，我回到臺北的那一天，剛好也得知 JL 在同一天從美國回來，想想真的很有緣分，同一天到聖地牙哥，竟又在同一天結束旅程。

滿街色彩

乾旱荒漠

常有人稱呼這個城市阿塔卡馬（Atacama），但其實它的名字是聖佩德羅（San Pedro），是阿塔卡馬沙漠中難得的綠洲城市。

阿塔卡馬沙漠是全世界最乾燥的地區，曾經有四百年期間未曾下過雨，比撒哈拉沙漠更乾旱；但也因為大氣中水分少，妨害天體光線的因素少，使得這裡成為世界級的天文觀星地點。目前全世界最大的天文陣列望遠鏡就架設在阿塔卡馬沙漠，據說科學家一度以為溼度儀故障，這世界怎麼可能存在這麼乾的地方。

離開卡拉馬（Calama）機場後，往聖佩德羅的路上就看得到這一帶整片的沙漠、白色的房屋，以及矗立在地表上的幾台巨大風車；最後小巴士繞過一個巨大山谷，前面谷地裡的城鎮就是聖佩德羅。

聖佩德羅的第一印象，瞬間讓我彷彿時光回溯到多年前的中亞。房子以低矮土屋為主，白色與土黃色的單調，再加上氣候炎熱，連空氣都燜煮得像中亞當年的味道，無法和南美洲其他地方聯想在一起，更由於沙地貧瘠，物價來到智利最巔峰。

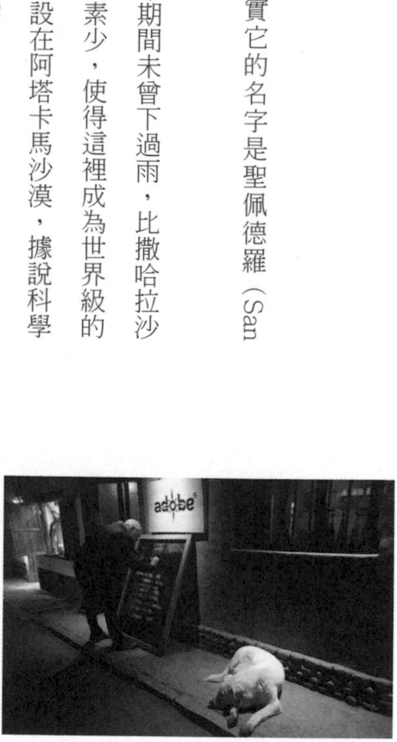

聖佩德羅到處都是酒吧

進入聖佩德羅谷地前的道路

琳琅滿目紀念品街

聖佩德羅街頭

不過，相較於智利其他地方，阿塔卡馬沙漠豐富的景點已經是最重要的觀光勝地。後來我遇到智利人問我智利好玩嗎？我想了半天，好像也只有阿塔卡馬值得一提。

剛抵達聖佩德羅，我背著大背包走過市區大街。正在找尋住宿時，一個轉頭，看見有個東方女生從麵包店走出來，我們對看幾秒鐘，忽然都閃過一種對方是臺灣人的靈感，我就在這遇見 Wesley 和 Eloise 夫妻。

Wesley 夫妻是來南美洲度蜜月，他們跟 JL 一樣算是從北方祕魯那邊來的，和我相反方向。他們說打算第二天就去玻利維亞，原本我是計畫休息個一兩天再去，但既然巧遇到臺灣人，有人互相照應，索性跟著他們去旅行社看看。這間旅行社位在大街的轉角，老闆是個胖胖中年人，一直吹噓他的行程多好，強調會幫我們搞定偷渡的事情。聽完他簡介後，當下我們三個都乖乖地立刻去提款機領錢報名。

因為市中心的住宿都早早被預訂完，最後我只得住到市區外圍的 hostel，這一帶住家稀落，地廣人稀、門牌號碼間隔距離遙遠，能找到住宿就萬幸了。

阿塔卡馬沙漠超乎想像的乾旱是我們漸漸體認的，先是常口乾舌燥，拚命喝水，到後來才驚覺怎麼永遠都喝不夠似的。偶爾流鼻血，接著嘴唇逐漸乾裂、滲血，乾燥無形侵蝕我們身體，在我們沒察覺的時候。

就如同很多世界各地的綠洲城市，聖佩德羅市中心也是個有綠蔭的廣場，周遭都是旅行社、餐廳和酒店甚至網咖；廣場旁可以通往手工藝品街，街道兩旁是我在智利看過最豐富的紀念品攤。我後來陸續在附近又遇到其他臺灣和香港背包客，大概都維持同樣節奏，在幾天內報名好幾個旅行團行程，其他時間就在街上亂逛、買紀念品、等著通知出團，聖佩德羅就是有種很玩樂的調調！

關於玻利維亞的旅行，後面再詳述。

值得一提的，是在我們回到聖佩德羅那天，有當地人提醒我們，當天晚上會結束智利的日光節約時間，進入冬季，晚上沒有八點到九點這段時間。旅行這麼多年，倒是第一次體會到日光節約的變化，我們都覺得很新奇。

隔天醒來，我看了看手機，並沒有特別發現有什麼異常，但當我看見 hostel 掛在牆上的壁鐘，才發現時間確實不一樣了，原來手機會自動調整日光節約，街上還有很多時鐘沒被手動調整，整個城市呈現兩種不同的時間脈動。

天際邊陲的十字架

幾乎在聖佩德羅的所有酒吧，都喝得到著名的皮斯可酒（Pisco），這是一種用來做調酒的基底；後來在祕魯也喝得到，聽說智利和祕魯為了爭皮斯可酒是誰發明的，爭了很多年，後來還是由國際組織出來裁定是祕魯發明。

從玻利維亞回來後的那天晚上，我一個人去酒吧點杯皮斯可調酒，孤單坐在吧台和自己慶祝，記得那杯皮斯可很貴，但味道醇香，一杯就醺醺然。

聖佩德羅的街道兩旁是五花八門的旅行社，遠比民宿和餐廳更多。因應阿塔卡馬沙漠各式各樣的景點，每天從早到晚，一車車的旅行社巴士把遊客載出去。我手拿著旅行社報價單，間歇泉、鹽湖、月亮谷……行程竟然多達十種，但我實際停留在聖佩德羅的時間只有兩天，再加上心底仍然有玻利維亞殘留的一些疲憊感，最後只選了經典的月亮谷，以及近年來很受歡迎的沙漠觀星。

月亮谷的行程下午出發，導遊是當地人，他告訴我，他三十年前曾經到過臺灣。我很訝異地問他為什麼，那時候從智利到臺灣應該不尋常；他說他跟隨公司從巴拿馬搭船橫越太平洋，先到臺灣，又輾轉去新加坡做生意。後來卻不知道什麼因緣際會，現

月亮谷夕照

從聖地牙哥飛卡拉馬，搭 Sky Airline 會比 LAN Airline 便宜，約 6500 NTD；卡拉馬機場領行李處就有巴士往聖佩德羅，一人 590 NTD，車程一小時。

建議來聖佩德羅之前先訂住宿，受歡迎的 hostel 幾乎都永遠客滿。我住的 hostel Tuyasto 五人 dorm 一晚 410 NTD，位置很差，到市中心要十分鐘以上；不過床鋪很整潔舒服，沒早餐，WiFi 不錯但不太穩，晚上熱水有限時供應。

聖佩德羅的旅行社很多，CCAPCHA 的月亮谷行程原價 700 NTD，折價後 590 NTD，下午兩點出發，觀星行程原價 1050 NTD，折價後 880 NTD，晚上十點出發；如果時間夠可選套裝行程，包含間歇泉等景點更便宜。

阿塔卡馬沙漠非常乾燥，護唇膏和乳液都要先準備好，日夜溫差大要注意保暖。

攀爬岩山

在漆黑的岩洞中摸索前進

在竟然會在阿塔卡馬沙漠當導遊，就不得而知了。

我能和導遊對話的機會其實不多，整輛車上就只有我一個人聽不懂西班牙語，導遊和其他遊客的笑談、默契，很多時候是把我排除在外的。

鎮外近郊，離聖佩德羅不遠處有個死亡谷，一開始我們並不清楚來到這個荒蕪的峽谷看什麼，疑惑直到走出峽谷，前方是個寬闊的谷地，谷底開滿灰撲撲的筍子，原來是風化侵蝕塑造的沙錐林，像大地密密麻麻隆起的皺褶。第一個發現這裡的比利時人將其命名為死亡谷，據說谷地探尋不到生物跡象，風和沙，就足以構成這片大地僅有的絕望，完全符合死亡形象。

月亮谷在聖佩德羅以西十三公里山坳後，同死亡谷，因地質詭譎、狀似月球表面而名。整段谷區涵蓋多種複雜的地形，入口處附近有個僅容一人通過的低矮鹽洞，許多地方要側身移動，衣腳褲管在粗糙的岩壁上磨蹭；再加上沒光源，我們一個挨一個順著手電筒光線通過鹽山底下，朝山崖的道路攀登上去。

鹽山是連綿著奇異蕈狀突起的山脈，阿塔卡馬沙漠真是超乎沙漠給人的想像，這些惡劣的地質，竟也成了繽紛奇景，不是參加一兩天行程可以完整述說清楚。

整段行程的最後，是跟著導遊攀登到沙丘頂端，沙丘軟軟的走起來異常困難，我的

一列無視禁止進入告示牌的腳印

登山鞋很快盛裝滿滿的細沙；從沙丘頂往下看盡是一片荒涼，風一吹就飛沙走石，這幾團的遊客都坐在沙丘上，觀賞阿塔卡馬的夕陽逐漸隱沒無垠沙漠外。

當天晚上的另一個活動是觀星團，因為名為 ALMA 的地表最大天文陣列望遠鏡就架設在阿塔卡馬沙漠，這裡也成為最熱門的觀星地點；許多旅行團開出相關行程，因為我聽不懂西班牙文，旅行社還特地為我安排翻譯。

阿塔卡馬沙漠的夜晚很冷，我沒穿夠外衣，一路上冷得發抖。解說星空的是個天文學的教授，不知道是不是來接團兼差，我一開始就傻氣地問他：「北極星在哪裡？」教授嘴角含笑：「北極星？我們只有南十字星。」我完全忘記這裡是南半球……

他指給我看，只剩下一半的北斗七星、黃道十二宮、周圍的小熊座、獵犬座。有些星星乍看孤獨閃爍，透過高倍數的天文望遠鏡，才明白那其實都是群聚的小行星散發光彩。我們一邊仰望星空，邊摸黑吃著旅行社準備的糕點和熱茶，為了避免光害，我們沒有開任何燈光，連彼此模糊不清的身影都看不清楚。

印象中，那一晚的夜空不僅是璀璨耀眼，還有一道道銀線流光劃過，我在臺灣從沒見過這麼多流星，許這麼多願望。

玻利維亞

天空之境

Bolivia

chapter
03

時間接回到五天前，我和 Wesley、Eloise 準備前往玻利維亞，傳說的天空之鏡。

因為玻利維亞官方不發簽證給臺灣人、中國人、韓國人，我們只能從聖佩德羅這邊偷渡進去。那天早上，旅行社開了一台很像校車的巴士來接我，我把背包丟到車上，還來不及跟 Wesley 和 Eloise 說早安，車後面幾個吱吱喳喳的外國女生已經過來打招呼，她們是這趟旅程的夥伴。

「我的名字是 Lioba，來自波蘭。」最活潑的高個子女孩說。

「我是 Carlijin，荷蘭人。」坐在 Lioba 旁邊，另一個拿著單眼相機的高個子女孩說。

「Adi，以色列人。」坐在另外一邊看樣子很酷很有個性的嬌小女孩說。

當然，我和 Wesley、Eloise 都來自臺灣，介紹起來很方便，她們可以直接統稱臺灣朋友們。Lioba 和 Carlijin 的熱情一開始很難招架，但後來懷念起玻利維亞，卻也是她們那種拉我們往前走的開朗。

我們辦好智利出境手續後，就迅速往上攀升到智利和玻利維亞的交界，高原上只有兩棟小磚房，一棟是入境處，另一棟是我們旅行社自己的辦公室，裡頭空空蕩蕩。我們吃著旅行社準備的小餅乾和咖啡，旅行社老闆把護照都收去，不知道辦了什麼手續，總之回來後就告訴我們可以進玻利維亞了。我覺得對他們來說這樣非官方簽證，已經是程序化的商業活動，絲毫都沒偷渡該有的緊張感。

另一邊等著載我們的是一台吉普車，狹窄的車廂只是剛好塞滿我們六人，司機叫Noel，幾乎不會說英文，只能透過西班牙文最好的 Adi 替我們翻譯。

進入玻利維亞後約十幾公里，Noel 讓我們在一個溫泉區稍作休息，三個外國女生立刻換衣服跳進溫泉，當下就有半裸的外國男生過來和她們搭訕、聊天，我們三個臺灣人興致缺缺，只是蹲在溫泉旁，看一隻紅鶴在沼池踱步。

Lioba 和 Carlijin 很 rock，非常熱愛各種西洋搖滾樂，她們不知道什麼時候接上汽車音響的，讓整台車變成移動夜店。有一回，她們正在撥放〈Rama Lama Ding Dong〉這首歌，而草泥馬的英文就是 lama ；此時剛好路邊有一群草泥馬，Noel 顯然不打算給我們機會拍照，我們眼巴巴地看著草泥馬漸行漸遠，頗感扼腕，正巧歌詞唱到「Lama Lama Lama Lama...ding dong」車內頓時哄堂大笑。

從此以後，我們的團歌就是〈Rama Lama Ding Dong〉，每次看到草泥馬都合唱。

當時我們問 Lioba 和 Carlijin 這首歌是誰唱的，她們也答不上來。旅行回來後，我才知道這首 Rama Lama Ding Dong 是一首五〇年代傳奇老歌，在過去的六十年中不斷被翻唱、引用，誰料到我們會把它當作草泥馬主題曲。

午後兩點多，我們在荒野中一棟小平房吃午餐，吃完後等待許久，卻看見 Noel 已經卸下行李，開始接水管洗車子。「今晚住在這裡喔！」當 Noel 這樣說，我們都訝異今天的行程已經結束。

荒野中沒有網路、沒有店家，整段午後漫長得很是無聊，Wesley 夫妻和 Lioba、Carlijin 不知道從哪找來撲克牌，開始玩起心臟病。客廳裡不時爆出驚笑，兩位外國小妹妹似乎平常沒什麼在玩牌，對於我們教的各種遊戲都很熱衷。歷經一下午跨國文化交流，我們發現她們最愛的竟是抽鬼牌。

晚上陸續還有其他的旅行團來到這間旅社，因為電力有限，天色暗下來後就沒什麼事可做，吃完飯，團員都早早睡覺。

入夜後氣溫陡降，極度嚴寒，連洗手都是一種折磨。睡前每個人都套幾層襪子、戴毛線帽，就只有 Wesley 英勇地穿一條短褲走來走去，那些外國人頗訝異問他怎麼不冷，他很酷地回答：「褲子是 Made in Taiwan 的。」

民房中的玻利維亞小男孩

玻利維亞草泥馬

海鷗與廢車廂

邊境

Rama Lama Ding Dong 團與 Noel

破曉出發的車隊

沙漠中的舞者

離開玻利維亞很久後，我還是常想起那一天早上沙漠中的景象。

我們的吉普車停在沙漠中央，陽光從沙丘後照射，拉著我們長長的影子在沙地上；Noel 在我後面抽著菸，我、Wesley、Eloise 端坐在沙地上，看著 Carlijn 在副駕駛座當 DJ，而 Lioba 和 Adi，奔放的沙漠中隨音樂搖擺。

那畫面是如此自然，不受任何拘束，雖然在那個當下不會想跟著她們搖擺、哼唱，但目光卻被黏住，好像感染到一種極致自在的狂野，上了癮似地凝視著。

離開小旅社的清晨依然很冷，我們站在原野中迎接曙光後，又摸了很久才出發。這兩天除了漫長趕路外，停留時都是鹽湖，或廣闊的岩石區，玻利維亞沙漠中常有受風化侵蝕的巨石，但終究不是什麼令人難忘的奇景。我和 Wesley 夫妻無所謂地亂逛一圈，回到吉普車時，看見三個外國女生又在聽搖滾樂。

烏尤尼前是一系列的高原鹽湖，以及湖面上總成群的紅鶴棲息，一開始新奇，看了兩天後也看膩了，沒注意湖面上凝滯一層模糊光影，直到 Eloise 興奮歡呼：「是冰

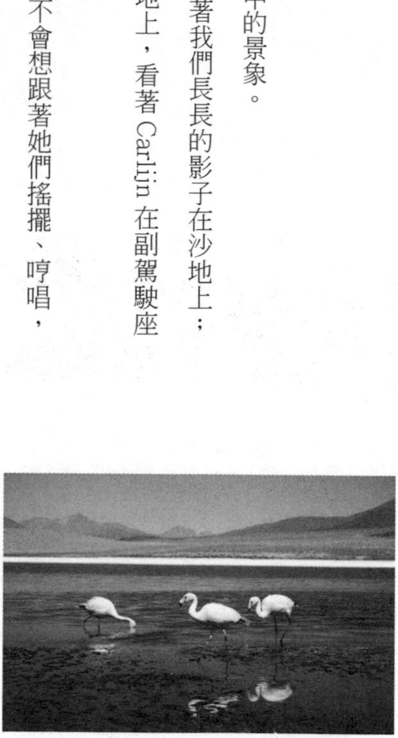

看不膩的紅鶴漫步

耶！」我們紛紛圍過去看，湖面真的結一層很薄的冰霜！

由冰霜的範圍看來，昨晚氣溫真的很低，不過冰還是太薄不足以支撐人的重量，只有最嬌小的 Eloise 嘗試走在冰層上；她戰戰兢兢地穩穩踏出每一步，才走出三步，冰層就破裂開來，她一腳陷進冰泥，忍不住哈哈大笑。

午餐是在最後一個鹽湖旁，湖面是更多的紅鶴，在我們站在爛泥中拍照的時候，Noel 打開後車廂，自己攪拌沙拉和鮪魚罐頭，招呼我們過來吃飯，我們隨便找一塊沒有爛泥的沙地野餐，看著紅鶴群在前面踏步來去。

在玻利維亞沒一餐是吃得好的，但我們都清楚這類似登山的過程一樣，歷經這片荒涼的高原，也是前往世界絕景代價的一部分，就連簡單的罐頭都越吃越有味道。

下午我們短暫停留在 Chiguana 鎮的雜貨店，散在這條路線上的各旅行團也在此集合，採買補給品、飲食，之後往北進入鹽湖就沒有商店了。我們對架上各種零食很有興趣，Adi 跟我們推薦一種奇異的玻利維亞餅乾，號稱全世界最好吃零食，我和 Wesley 興致勃勃合買一包，吃完卻只剩失望，更加懷念臺灣零食。

買完零食和啤酒，我們走出雜貨店，卻發現 Noel 不知何故把我們的車停到一公里外的山坡，我們邊喝酒邊等 Noel 一臉歉意開回來，才前往他說的鹽屋旅館，只是當他把車停在一棟破舊的房舍前面，我卻有不太好的預感。

「不是吧？這裡看起來還沒完工啊！」Wesley 倒先說出我們共同的埋怨。

房舍左邊都還堆滿施工用品，屋內空蕩蕩什麼都沒有，不過它確實是鹽屋旅館。主屋內地面、牆壁上都是白花花的鹽結晶，就連房間地上也鋪滿鹽，擱在地上的行李衣服很快都沾滿鹹味。即便不若預期，但環境獨特，鹽湖正逼近的氛圍更濃郁，也讓我們對於烏尤尼的期盼越強烈。今天的行程再度早早結束，但至少我們都可以好好放鬆，邊喝著旅館準備的茶又玩起抽鬼牌。

傍晚時我們迎面向夕陽，看一隊放牧的羊駝駱馬路過，連畜牧都和我過去的認知很不一樣，我清楚無法久留在這個國度，對於眼前每個畫面格外珍惜。

晚上依然很冷，在等待晚餐的空檔，我們已經玩了不知道幾盤的抽鬼牌，晚餐足足延遲一小時，沒有耐心的 Adi 頻頻跑去廚房催促他們開飯。晚餐後，Wesley 開了他們帶來的紅酒，為了我們終於即將進入天空之鏡，六人舉杯慶賀。

Eloise 摔進冰泥前走得很優雅

荒野風化石

隨時像嗑藥一樣跳舞

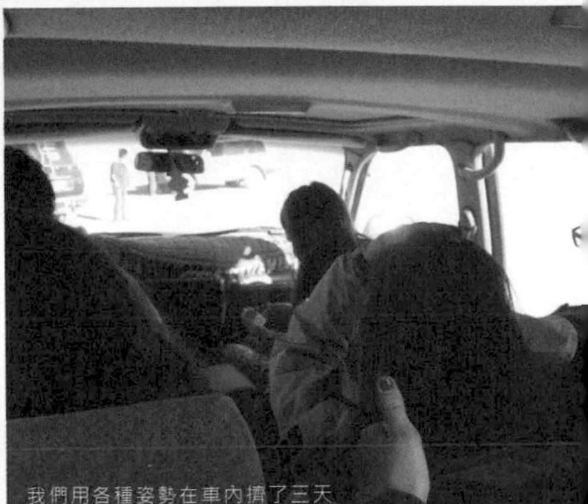

我們用各種姿勢在車內擠了三天

白色大地

因為前一天早上 Noel 有遲到半小時的不良記錄，我們以為他會繼續拖延，誰料到四點半他就跑來給每個人 morning call；一陣手忙腳亂，當大家都擠在廁所的時候，他已經發動車子，不時來催促一下。

我們摸黑從鹽屋旅館出發到烏尤尼鹽湖，Noel 先開過一個村莊，接著沿著一條明顯是鹽鋪成的路，開進荒野，外頭看得到遠方模糊有山的影子。

我輕輕推醒打盹的 Wesley，指著窗外雪白的地面：「瞧！已經到天空之鏡了！」

一小時之後，Noel 把我們放在烏尤尼鹽湖的中心點，我們仍冷得瑟瑟然，卻看見遠方的天空逐漸泛白，太陽升起，照映地平線一片白色。我們放鬆拉緊外套的手，感受陽光的暖意，雙眼卻貪婪地停留在眼前的大地。

烏尤尼（Uyuni），全世界最大的鹽湖，面積廣達一萬平方公里，海拔三六五三公尺。所謂天空之鏡，是指在雨季時，整片烏尤尼會跟水池一樣，完整映照天空的模樣，因為積水不深，人車還是可以行走在水面。貝琪比我早一個月來過，聽她說，當時真像一面平靜無波的鏡子。然而這僅限於十一、二月和二、三月的雨季前後最合適，四月到十月整整半年的烏尤尼，就只是個一望無際的鹽湖。

巨大鹽湖依然是曠世絕景，無盡的白色節理還是很美，我們仍感到很心醉，不過，卻也不是傳說的天空之鏡。

Noel 在後面催動油門，示意我們上車，繼續往北來到魚島（Isla Pescado），這是個孤立在烏尤尼中心的巨大島嶼，迥異於鹽湖，島嶼是天然岩脈，覆蓋鹽湖中唯一的植物仙人掌，沿稜線往山頂上蔓延，山頂是俯瞰整個烏尤尼最好的制高點。等我們再下山時，魚島前已經停駐一整排越野吉普，每台吉普後面都有張餐桌，堆放優格和咖啡等早餐，稍遠一點有幾個外國人在鹽湖上踢足球，烏尤尼頓時顯得愜意。

整個早上，我們都在天空之鏡上玩耍，這些外國女孩有著各種創意的借位照，輪流指揮我們擺出姿勢。背景的天地間色調很單純，只剩下上半幅晴朗的藍，下半幅卻是雪花的白，在荒野中度過三天，真的只為了這一刻。

接近中午時，Noel 繼續開車穿過一片雪白的烏尤尼，靠近烏尤尼邊緣的是鹽湖博物館，這裡有個萬國旗座，插滿各個國家的國旗。

烏尤尼的玩耍方式

三個台灣人的魚島遠目

玻利維亞火車墳場變遊樂場

烏尤尼的玩耍方式 2

天空之境

魚島

我拿出背包裡的中華民國國旗，抓在手中握得緊緊的，內心滿是雀躍激動。

回到出國的前一天，貝琪忽然寄信給我，說她去天空之鏡的時候，沒有在萬國旗座看到中華民國國旗，好像之前有人拍照完就帶回去了。她委託我買一面新的國旗帶去，當天晚上我參加完朋友的婚禮，立刻趕去軍用品店買國旗。

這面國旗跟著我走過半個南美洲，總算是盼到這一天。我和 Wesley 夫妻三個臺灣人爬上萬國旗座，找個正中間的絕佳旗桿。Wesley 把瘦小的 Eloise 背起來推到旗桿頂掛旗子，為了避免被風吹走，我們又用釘子把國旗釘得牢牢的，在掛旗子的過程中，有不少外國人跑過來問我，是哪個國家的旗子這麼亮眼。

最後，我們三人站在萬國旗座前看著鮮豔的旗幟飄揚，我想著的，卻是一個月前從臺灣接的任務終於完成，旅程如此漫長，很難解釋那種達陣的感動和驕傲。

中午 Noel 讓我們在 Colchani 市集用午餐，因為我們一直要求 Noel 說我們想吃草泥馬，於是這天盤裡確實是草泥馬咖哩，吃起來跟雞肉咖哩一樣，只不過我們午餐分量明顯比其他團少，為此我們頗有怨言。

前往烏尤尼市區前，我們行程的最後一個景點是火車墳場。十九世紀時，烏尤尼曾是玻利維亞礦山通往太平洋港岸的中繼站，這些鐵道都是為了礦藏而建，如今礦藏耗竭，鐵路成為鏽蝕火車屍體的墳場，歪歪斜斜地倒在鐵軌上，被噴漆塗鴉，殘破不堪。鐵路的終點是烏尤尼市，也是我們旅程的終點，我們對於這座城鎮的感想都是落後，甚至比聖佩德羅還要更加荒蕪，唯一不變的，也是黃沙和土黃色磚房吧！

此刻，我閉上雙眼，在別的畫面進來前，確定白色大地已經沉澱在記憶底層。

儘管不是完美的天空之鏡，但前往玻利維亞的旅程是如此遙遠，對我們來說，確實也是另一種的天空之境了。

歸途

我們被載到旅行社位於烏尤尼市的辦公室，Noel 就和我們道別。整段下午的時光我們分開行動，三個外國女生去車站，買前往玻利維亞首都拉巴斯（La Paz）的車票，我去逛街和買明信片，Wesley 去找銀行換錢。後來聽他說，這裡的銀行不僅有警察守在門口管秩序，而且人多又擠，他終究還是沒換到錢。

最後我們都回到辦公室，旅行社經過一整個沒效率的下午，總算幫我們安排好回智利的司機，我和 Wesley、Eloise 搭上車，準備離開這滿是神祕的國度。

我們互相擁抱，女生甚至擦拭眼角的眼淚。

當車啟動時，Lioba 從後面追上前拍打窗戶。旅行常有這樣的緣分，你無法預料會遇上什麼樣的人，但交會的過程就是讓人感動難忘。

離開烏尤尼市之後就沒有行程，司機直接往南趕路，希望趕在天黑前到住宿。這一路上我們不再交談，也沒有再嘗試把 MP3 接到車上的音響，任由司機逕自播他吵雜的拉丁音樂，而且三不五時地邊講手機邊開車，一聊就是好幾分鐘。我們也只是各自靜靜地直看著窗外，也無意指責他危險駕駛之類的。

烏尤尼市街道

智利和玻利維亞的國境與分界線

二〇一四下半年玻利維亞開放在祕魯 Puno 申請簽證，以後去烏尤尼不必非得偷渡。

Atacama Mistaca 開往玻利維亞的四天三夜行程 5900 NTD，整體而言，我們對其品質不是很滿意，建議還是找網友推薦的 Pamela 比較好。由於需要進出智利，要準備智利的多次簽。

玻幣兌臺幣匯率以 1：4.5 計算（二〇一四年），不要聽信邊境可以換玻幣的說法，出發前先在聖佩德羅換好錢，建議至少換三百塊玻幣以防不時之需。紅鶴保育區門票 150 玻幣，魚島門票 30 玻幣，上廁所 1~5 玻幣，熱水澡 5~10 玻幣。

烏尤尼市不知所謂的摩天輪

溫泉區的清晨

四天三夜的玻利維亞旅行帶來不少疲倦，之後的路上再看到草泥馬或羊駝，我們也沒有興奮的感覺，想起的，終究還是 Rama Lama Ding Dong。

或許是我們太晚出發，還沒到住宿點就已經天黑，氣溫陡降，車窗上迅速結霜。也不知道司機怎麼辨認方向，起先還有砂子道路，然後吉普車偏離幹道，開進稱不上是道路的荒野，有時候經過水坑、有時候開上沙丘。

途中，我們遇到另外一台吉普車拋錨，司機很好心地停車幫忙查看，後來路過第三台吉普車駕駛也加入，只能說南美洲的人真的很熱心。

天黑後一段時間，大約七八點吧！我們終於到達住宿一晚的村子，小村入口竟然有守門員跟司機收錢，隨後才打開閘門讓我們進去。村子規模很小，遠不及烏尤尼市，比較像鹽湖旅社旁的小村莊，由一個個占地廣大的磚石民房和庭院連接。

我們住的是一間當地人經營的旅社，沒有招牌，顯然只招呼旅行團的人，我和 Wesley 夫妻剛好住三人房，更慶幸的是至少是個電力充足的住所，不用和前三天一樣在黑暗中摸索。我們都洗個不算舒服的熱水澡，吃簡單的義大利麵和玉米濃湯，大概是玻利維亞的小確幸吧！旅行到越偏遠的地方，越明白知足樂觀才能更長久。

隔天清晨六點出發，十點左右我們抵達智利和玻利維亞的邊界，回到草原上那棟破舊的砌石房屋，看見智利的地標路牌；還有海鷗，依舊在草原盤旋啞啼。

此時 Wesley 和 Eloise 遭遇到一個問題，他們的智利簽證是單次簽，本來預計直接去阿根廷；現在我們都還是必須回聖佩德羅，他們很擔心會卡在邊境，哪邊都去不得，所以我們在邊境時很忐忑。

所幸旅行社還算負責，想辦法讓他們兩人順利通過入境處，至於是什麼辦法，我們完全不得而知。我們三人被特別安排一台小客車回程，直接抵達旅行社位於聖佩德羅大街的辦公室，雖然我們對旅行社頗多怨言，不過還是感謝他們幫忙把 Wesley 夫妻偷渡進智利；回想起來，好像這幾天都在偷渡進進出出，雖然反應南美洲的人治，什麼事情都可以談，但也未免像盡幹一些非法的事似的。

從玻利維亞回來當天，我和 Wesley 夫妻相約去巴士站買車票，他們預計隔天往東去阿根廷，我則是往北去祕魯。分離前夕，我們一起吃了據說是聖佩德羅有名的烤雞，一隻油膩膩的肥雞三人分吃綽綽有餘。說起玻利維亞這四天，都覺得像夢一般，我們竟真的去過那個神祕國度。

但即便是結夥偷渡，一起走過天空之鏡，最終，還是必須獨自面對未來的旅程啊！

建議自己帶一些零食和水，大家通常都會買一桶五公升礦泉水瓶。更重要的是攜帶衛生紙，玻利維亞幾乎不會提供，還有暖暖包、手套外套所有能想到的禦寒衣物。防水鞋子或靴子也是必要，湖邊常有水灘。玻利維亞環境非常克難，很冷很曬且常沒電，前一天最好吃高山症藥，整趟行程的海拔都很高，玻利維亞邊境就高達四四〇〇公尺。

回智利時，智利的入境單要保留好不要被收走，再出境時還會用得到。

祕魯

太陽之門

Peru

chapter
04

白色城市

以前曾經和朋友討論，旅行事前究竟需要多少規劃安排，總是各有各的看法，但長途旅行怎麼可能事前就準備面面俱到。我直到去祕魯的前一天都還渾渾噩噩，這次經驗是，只要人到了那個國家，沒準備也沒關係，本能會告訴你該怎麼走。

從聖佩德羅開往邊境的是夜班巴士，我照例把自己和財物全塞進座椅，一整夜警戒的結果，就是始終沒有真正熟睡。抵達阿里卡（Arica）時是清晨六點，天還沒透出光亮，這個時間沒過境巴士；我跟著另外兩個日本背包客走到隔壁的計程車車站，已經有幾個司機在等著載人進入祕魯的邊境城市塔克納（Tacna）。第一次旅行時，覺得邊境是神聖的，跨越邊境是片刻永恆，旅行久了過境只剩下書本的另一個篇章而已。

計程車載著我們往北，先經過海灘邊的市區，雖然阿里卡離海岸很近，但靠近內陸一側盡是荒涼的沙漠；出境處就位在這條在沙漠道路的盡頭，有點像國道收費站蓋在馬路中間，另外一側祕魯入境處較有規模，沒什麼手續就拿到簽證。

從祕魯入境處再往北走幾公里，計程車把我們放在塔克納巴士站，巴士站有一排大媽坐著等換匯，我們先把身上的零錢都換成祕魯幣，接著去找巴士，因為我們三個分別要去不同的城市，很快一哄而散。

下午三點，巴士已經接近阿雷基帕（Arequipa），車卻停了下來，這一停，就沒再發動。

起先是四五個人拿著行李下車，我們都以為是到站而已，過了十分鐘車還是沒動，陸續有人跟著下車；這時大家才驚覺不對勁，所有人都拎起行李走出去，看看究竟發生什麼事，我心中七上八下，深怕是拋錨或更糟糕的事。

只見這條公路上所有車都停下來，我們仰起頭，恐慌地看見前方不遠處巨大黑煙直衝雲霄，隱隱約約還有一團團火光冒出來，我轉頭問巴士服務生發生什麼事。

「聽說是油罐車爆炸了！」她不確定地指著這條路上停的一整排油罐車。

我們呆看著大火一小時，只有警車來回出入，最後巴士司機決定從外側草叢繞小路進阿雷基帕；經過事故現場時，我們都睜大著眼看見公路上被炸出一個巨大坑洞，大火雖然已經熄滅，坑底卻還是冒著濃烈黑煙。

我住阿雷基帕一間鄰近武器廣場的hostel，在安頓好了後，巧遇隔壁房間的臺灣人。

他們是姓陳的一對姊弟，這次來南美洲行程非常鬆散，走的是深度的文化之旅。他們剛去過納斯卡（Nazca），不過不是為了舉世聞名的納斯卡線，而是在納斯卡的原住民文化。但後來我也沒去納斯卡，一方面不在路線上，另一方面看納斯卡線的機票不夠親切，我對外星人圖畫沒有無法割捨的狂熱。

我們都選擇在阿雷基帕消磨好幾天，市中心的武器廣場帶點美麗的熱帶風情，廣場後是市中心大教堂；其他三面圍繞的是巨大的長廊，長廊圓柱整齊，模樣有點像伊斯蘭清真寺的迴廊，卻住滿餐廳和紀念品店，以及熱絡拉客的旅行社。市區內建築多是白色火山岩砌成，被稱作「白色城市」，一種渾然天成的度假環境。

來到祕魯的第一餐是烤披薩，這類烤披薩店在祕魯開得琳琅滿目，多數餐廳都有烤披薩的烤爐。隔天，我驚喜地在當地超市找到眾多食材，於是嘗試自己煮咖哩米粉，米粉未下水前很難處理，但煮出來卻意外美味，是家鄉的味道。

分量沒抓好，又煮太多，這一整天都吃咖哩米粉，也招待晚餐只吃雞腿的姊弟倆。

祕魯到處都是披薩烤爐

武器廣場西側走廊

阿雷基帕街道

不知道多遠外的油罐車爆炸現場

阿雷基帕街道2

武器廣場大教堂夜拍

冰公主

整趟南美洲的旅程常進出高海拔地區，高山症藥是不可或缺的存在，阿雷基帕本身海拔很高，剛從阿塔卡馬沙漠來的第一天就頭暈，趕緊吞了一顆高山症藥。

隔幾天，我才喝到祕魯人的高山症藥古柯茶（Coca tea），這是用古柯葉提煉的茶。據說能有效提高血液含氧，古柯也可以做成古柯糖；我曾在阿雷基帕的紀念品店看見有客人掃貨，我嘗試過，卻不太習慣那味道。祕魯還有一種獨特的黃色可樂叫印加可樂（Inca coke），喝起來像可樂加了很多種色素的甜膩，我想就算老美也不會喜歡。

第二天我出門才發現，這間 hostel 正對面是保護區博物館（Museo Santury），一間由大學經營的博物館；博物館很小，展覽物也零零碎碎不多，但卻擁有祕魯最重要、最傳奇的木乃伊，胡安妮塔（Juanita）。

胡安妮塔的綽號是冰公主，死亡時間大約是六百年前。在古老的南美，原住民仍保有將少女獻祭給山神的習俗，他們把胡安妮塔帶到附近火山頂，祈求山神不要作亂，並帶來豐收。殘忍的是，考證發現胡安妮塔不是凍死，而是被鈍器敲擊腦部而死；只因山頂終年寒冷，胡安妮塔的屍體被完整保留，包括衣服、甚至毛髮都沒腐爛。獻祭少女習俗的血腥在現在社會顯得不可思議，但胡安妮塔卻見證它確實存在過。

在火山群發現的木乃伊前前後後有十幾個，被祕魯各地的博物館收藏。今天，胡安妮塔蜷縮在一個冷凍箱內，導覽人員只讓我透過箱子兩側窺見胡安妮塔；我想起在新疆看過的樓蘭女屍，每次光是凝視木乃伊雙眼，都給人一種奇異驚悚。

比起木乃伊，去聖卡塔莉娜修道院（Santa Catalina Monastery）更讓我難以忘懷。那是在一五八〇年所修建的修女院，當時只收容上流家庭的女孩，而女孩們帶來的古籍文物，最終成為修道院的豐富收藏品。

從修道院外面絕對無法想像，這座修道院就像是座巨大城市，被高聳圍牆保護；裡面有數不清的房舍、庭院、教堂和階梯，完整的市區，有廚房、儲物間，甚至像市中心的噴泉廣場都有，儼然獨立地運作在阿雷基帕外。修道院很適合慢慢閒逛，探訪每一間房舍的擺設，尋找深藏在其中的古老祕密。

雖然阿雷基帕算是祕魯大城市，但卻相對智利更有濃濃鄉村風格，當地人平常就會穿著傳統服裝走在街上；婦女圍繞好幾層的花拼布料、頭戴滑稽的高聳黑頂圓帽、垂掛細長的辮子，那種濃厚的道地傳統風格，常是旅人所企求的風景。

在祕魯比智利或阿根廷更容易遇到觀光客，這也帶來一些生活便利性。比方說，講英文的人比較多、夜歸時不用擔心安全、常常可以找到速食店和中國餐廳等。我不難驚喜地注意到，祕魯物價明顯比智利和阿根廷還低許多，讓我擺脫一路縮衣節食的自我要求，在阿雷基帕放縱自己過得比較愜意一點。

但相對於前半段的旅程，在祕魯的時間又再緊湊一些，我越發專注在安排旅行中的每個細節；旅行的執行力此時相對更重要，我必須同時處理眼前的行程，又兼顧到幾天後的各種可能性，所有的不確定變數都是挑戰。

但這才是旅行最值得玩味的部分啊！和人生一樣，有時會消極頹廢、有時就必須積極面對未來，有些過程是必須、有些過程是值得大吃慶祝的。

在我離開阿雷基帕的前夕，陳弟弟送我他自己設計的插畫明信片，以及祝福的話。陳弟弟的插畫輪廓很強烈，帶點粗曠藝術感的線條。後來在祕魯旅行的那一段期間，我還是持續和姊弟倆聯絡，他們和我走幾乎完全重複的路線，只是比我晚兩三天，直到我進入亞馬遜為止。

聖卡塔莉娜修道院中央噴泉

修道院迴廊

修道院廚房

修道院高牆上

修道院外耍寶的警察大叔

阿雷基帕北邊是幅員廣大的科爾卡（Colca）峽谷，科爾卡在原住民語是倉庫的意思。以前的人會在峽谷中建築大量倉庫，儲藏過冬食物，如馬鈴薯、玉米之類。科爾卡是全世界最深的峽谷，最深的地方竟然有四一六二公尺，這種深度根本可以比擬成把整個玉山倒著裝進去似的；不過只存在局部地區，我參加的旅行團幾乎都在趕路，沒辦法走到峽谷最深處。

這是我參加過最瘋狂的行程，凌晨兩點半就在hostel客廳等待，上車後拿到一條毯子繼續補眠；然而座位很小，椅背不能往後調整，整個晚上睡得很不安穩。

清晨六點，陽光逐漸透進車裡，巴士已經開進奇瓦伊鎮（Chivay）的入口。

導遊拿起麥克風開始morning call，一個個旅客睡眼惺忪起床，輪流下車買科爾卡峽谷門票，買好的人就站在旁邊打呵欠。約莫十分鐘後，車開進奇瓦伊，在一家小餐館吃頓簡單的早餐，麵包、牛油或果醬、茶或咖啡，盡是給觀光客的標準美式早餐，每個人這一夜都絕對沒睡好，恍惚地連喝好幾杯咖啡，再度被趕上車。

我們先在奇瓦伊主教堂前短暫停留，接著進入科爾卡峽谷，隨著巴士越開越深入，道路旁邊的峽谷更顯得壯闊；我們三不五時被放下來拍照，這一路上也不乏當地人在路邊擺攤，盼望我們這些旅行團片刻青睞。

安地斯神鷹屬於禿鷹的一種，是地表上最大的鳥類之一，展開翅膀可達三公尺，同時也是印加三大神獸之一，另外兩個分別是山獅和蛇。科爾卡峽谷擁有極好的上升氣流，是安地斯神鷹主要的棲息地，這帶峽谷中就有三十隻左右的神鷹。儘管印加帝國早已敗亡數百年，但神鷹依然像活生生的古老傳奇似地存在，依然翱翔在印加帝國領空上，想到這裡，我仰望的目光更多了一份崇敬。

高傲的神鷹無視下方前來朝聖的群眾，牠們低空掠過幾十個觀光客頭頂，在陣陣驚呼聲中盤旋向上。大約十點過後，飛在空中的神鷹只剩下一兩隻，收工速度很快，晚來的旅行團什麼都看不到。

午餐是在奇瓦伊的自助餐，再沿同樣的路回阿雷基帕，每次想到還是覺得太瘋狂，半夜啟程、來回將近十小時，實際上只為了看半小時的神鷹而已。

阿雷基帕北方一帶是火山群，擋在通往科爾卡峽谷的路上，去程是黑夜，大家都在酣夢中度過，回程才看清楚山脊的蒼茫。小巴士順著火山繞過一座又一座的山口，路邊不時出現各種羊駝群，漫步在茂盛水草中覓食。

祕魯幣兌新臺幣匯率以 1：10 計算（二〇一四年），以下皆以新臺幣為單位。

聖佩德羅只有 Cruz Del Sur 一家公司有營運巴士直達邊境城市阿里卡，阿里卡到塔克納之間的過境計程車四人共乘一人 175 NTD，司機會把人載到塔克納的國際巴士站，國內巴士站就在隔壁。塔克納到阿雷基帕的巴士 250 NTD，車程約六小時，阿雷基帕巴士站到武器廣場的計程車錢約 70 NTD。

祕魯一帶各種草泥馬很多，我旅行一個月還常分不清羊駝或駱馬，這點有些連當地人也說不明白。最常見的是野生 Vicuna，這是一種看起來很像是小鹿的動物，模樣最不引人注意；羊駝 Alpaca 在觀光區滿常見的，通常是有人養，打扮漂漂亮亮給人拍照。而我們在玻利維亞常說的駱馬 Lama 就是俗稱草泥馬，在野外偶爾會見到，後來在馬丘比丘也看見幾隻草泥馬在遺跡中走來走去，十分逗趣。

最後停留的山口海拔高達四九一〇公尺，是整趟南美洲旅程中爬升最高的地方。山口是安地斯火山群的中心，導遊指給我們看，周遭高聳入雲的全是六千以上的嶺峰。

我望著天際晴朗，想著前年攀爬馬來西亞神山（Kinabalu），當時半夜陡升到四千公尺，氣溫和氣壓都惡劣得深刻。但此刻涼風徐徐，我吞吐稀薄的空氣卻意外暢快，原來五千公尺是這樣的味道啊！

火山群中的山口

給觀光客拍照用的超可愛小型草泥馬

峽谷旁的當地人攤販

安地斯神鷹

安地斯神鷹 2

草泥馬群

胡安妮塔門票 200 NTD，但不允許自由參觀。聖卡塔莉娜修道院門票 350 NTD。

科爾卡峽谷最便宜的單日行程 600 NTD，從凌晨三點到下午五點，但不包含進奇瓦伊 700 NTD 的門票，以及午餐的 250 NTD。如果時間夠的話，還是建議兩天一夜行程比較舒適。

的的喀喀湖

祕魯的汽車真的跟我犯沖。

繼前往阿雷基帕時遇到油罐車爆炸後，才隔了兩天，從阿雷基帕往普諾（Puno），我選了比較便宜的巴士公司，沒想到開不到一半就在山腰上拋錨，乘客都傻眼地站在路邊等道路救援。後來道路警察來了，這些當地大嬸全圍上去嘰哩呱啦抗議，聽起來像是要求賠償車費之類的；最後來兩班別家公司的巴士把我們分批載走，只是我們沒座位，被迫在走道上站三個小時，站到晚上終於抵達的的喀喀湖。

附帶一提，祕魯的最後一天，我在亞馬遜的叢林都市搭計程車時，短短一小時車程竟然就遇到計程車爆胎；在等待司機熟練換上輪胎的過程，對面另一台車甚至整個拋錨掛了，導遊跟我們說這在祕魯很常見。

「我真的越來越習慣遇到這類不正常的事了。」當時很無奈地這樣想。

因為巴士拋錨，抵達普諾時已經晚上，普諾是的的喀喀湖湖邊的小鎮，一個簡單卻很舒服的城市，主要幹道是武器廣場前的步行街，街上都是熱鬧的餐廳和紀念品店。

巴士拋錨後大嬸圍著公路警察叫囂

步行街距離的的喀喀湖僅僅一公里路程，但我沒有直接去湖邊，而選擇在市區裡閒晃了一整天，吃烤蘋果泥羊駝肉、鱸魚肉等。祕魯冰淇淋有眾多奇特的口味，有些水果根本叫不出名字，在普諾我也嘗過很多種。

我終於嘗到很有名的Nuy（烤天竺鼠），這是祕魯特產。聽說祕魯有的鄉村會舉辦天竺鼠選美大會，各種花花綠綠圓滾滾的天竺鼠，選美後都送進廚房烹飪。實際吃起來烤天竺鼠的肉很像雞肉，味道清淡，但或許是由於烹煮方式不同，天竺鼠烤完後其實很乾扁，而且皮非常硬又有韌性，怎樣也勾不上好吃的水準。

最重要的是，烹煮後的天竺鼠仍完整，我和盤子裡的藝術對看很久，不知道該怎麼下刀。這真是我吃過最恐怖的一餐，整整一小時都在嘆氣，嘆到隔壁桌都笑了。

我喜歡在博物館打發時間，沒有壓力地端詳每項展覽，卡洛斯德雷爾博物館（Museo Carlos Dreyer）是普諾最具規模的博物館，展出在的的喀喀湖的考古發現；包括陶罐、錢幣、瓷碗、石雕，甚至還有三具木乃伊，這三具木乃伊不若胡安妮塔備受呵護，模樣淒厲地並肩擠在一個玻璃箱，在過世幾百年後也沒受到善待。

一整天我來回徘徊在步行街四五趟，悠閒逛遍每一家紀念品店，甚至包括了一家賭場。這天剛好也目睹一場祕魯婚禮，但只參與到尾聲部分，一對新人剛結束儀式，在教堂的階梯下與親友包圍中跳舞；旁邊幾個穿西裝的樂隊賣力演奏，伴娘伴郎忙著往他們身上撒花瓣，在普諾街頭到處飛舞，舞者努力重複漫長單調的轉圈節奏。結束後新人進入禮車揚長而去，旁觀的人已多到分不清哪些才是賓客。

普諾是個小鎮，雖然考量安全因素我不太會離開步行街的舒適範圍，但步行街外才真正是當地人的生活；偶爾經過時，最常見的都是當地人守著攤位的姿勢一整天不變，甚至靠在攤位上睡著，等待著不知何時上門的生意，最後在暗夜中默默蓋上布。

我唯一一次去到城區外圍，是找一間中國餐廳吃炒飯，廚子也是中國移民，炒飯和湯都配合南美洲人口味，調得特別重鹹。我注意到餐廳內似乎異常安靜，當地人用餐都有種獨特沉默；或是說離開步行街後，街上少了那些外國觀光客，連空氣中的談笑話語聲都憑空抽走大部分，連交談也特別低調。

隔天早上，我搭乘旅行社安排的車，從步行街前往的的喀喀湖港口。

的的喀喀湖海拔三八〇〇公尺，是全世界最高的可航行湖泊；這高度就好比是在玉山上挖個日月潭一樣，這是屬於印加人的聖湖。暗藍色的湖水好像是水銀般沉甸甸晃動，陽光下波光粼粼。

祕魯婚禮

普諾街頭攤販

從後山瞭望普諾市區與的的喀喀湖

普諾市區外的街道

漂流島嶼

船停靠在大基雷島（Isla Taquile）旁，輕微的潮汐浪花拍打碼頭。

爬上大基雷島，導遊背對著的的喀喀湖，蹲在懸崖的石塊上，他手拿一塊銳利的石頭在地上畫了南美大陸的雛形，跟我們述說的的喀喀湖起源。

很久以前，納斯卡板塊隨著地殼變動撞上南美洲。就如同花東縱谷與中央山脈的形成，南美洲也因此撞出阿雷基帕周邊火山群，以及今天世界最深的科爾卡峽谷；兩個板塊間的海洋，因地殼隆起形成湖泊，千百年後就成為的的喀喀湖和玻利維亞鹽湖群。

我們都抬起頭望向湖面，果然看見懸崖外的海鷗翱翔咿呀叫響，我猛然聯想起當時曾在智利和玻利維亞邊境上的景象，也是一樣的大海味道。

我們沿著小徑走進大基雷島，島上雖然幅員有限，可是依舊不乏羊群、田地，鄉村裡傳統打扮的農夫牽著牛隻走在山路，散發渾然天成的樸實感。或許因為的的喀喀湖近乎桃花源般避世，當地原住民保有古老文化，他們採集島上的香料泡茶、使用島上一些植物做顏料，縫紉衣裳、編織手工藝品。印加帝國始終無法改變他們的生活，後來的西班牙人也是一樣。

導遊說：「的的喀喀湖居民崇敬大地之母，他們有許多的儀式是感恩賜與，他們一直都與世無爭。是印加帝國要越過他們攻打其他國家，才順便占領這裡的，但原住民還維持傳統，彷彿從未有人打擾。」

中午是在本島附近用餐，順便見識的的喀喀湖居民的祭祀儀式，長老將水灑向特定方向的地面，代表感激大地之母的恩典；邊念念有詞，邊倒酒在他跟前小土堆上，最後當他挖開土堆後，我們才知道原來午餐埋在土裡。

午後的湖面光影灑得我們昏昏欲睡，小艇停靠在一座完全由草根所構築的島嶼，這是的的喀喀湖的漂浮島（Uros Island），我們頓感精神一振。漂浮島是原住民用一種稱為 Totora 蘆葦編織，島上的長老用模型跟我們說明建築的過程，最下面用大型木樁作為基底，鋪蓋滿滿厚厚的蘆葦，直到上面可以住人為止。

他翻開表層的蘆葦指給我們看，因為蘆葦泡水會爛，他們每個月要翻新下面的草；理論上，整座小島甚至可以用長竿撐著挪移。在說話的當下，漂浮島規律性的微微顫動從沒停過，如一艘不牢靠的輕舟。

的的喀喀湖岸

大基雷島原住民

漂浮島女孩

漂浮島老人與觀光客男孩的對比

大基雷島羊群

大基雷島上僅存的拱門遺跡

我們環顧這小小的漂浮島，估算大概只跟籃球場差不多大，卻蓋了五棟蘆葦屋，住二十幾個原住民。聽他們說，島嶼的生活對現代人而言很不可思議，儘管他們從小在島嶼上長大，但住在漂浮島確實非常不方便，還是架了好幾個太陽能板才有基本電力。現在的年輕原住民寧願去普諾找工作，打零工賺錢都比較強，我們探進蘆葦屋，內部非常簡陋髒亂，隱隱飄散出臊味，他們就這樣住過好幾個世紀。

再度返回普諾前，導遊帶我們到普諾鎮外附近的村莊，這邊有些原住民小學，以及新建的社區，他指著村莊後山，對我們說：

「每年到了復活節時，當地原住民會攀登那座山祭拜耶穌，但你們相信嗎？他們並不是真的明白為什麼耶穌被釘在十字架上面，也不是真的信仰上帝。對他們而言，大地之母的傳統信仰終究比較根深蒂固；他們純粹只覺得耶穌可憐，需要他們的幫助，就是天生的同情心讓他們產生這樣的習俗。」

此時小路盡頭有一家牽牛隻的原住民，熱情朝著我們打招呼。導遊笑著說：

「他們就是這麼單純接受新的世界、新的信仰，很可愛吧？」

大基雷島側寫

原住民把食物藏在土裡祭拜大地

大基雷島原住民 2

從阿雷基帕到普諾的巴士約 200 NTD，在祕魯搭巴士盡量找有信譽的較好。

Pacha hostel 的三人 dorm 一晚 200 NTD，不含早餐，這家位置非常好，就在步行街上，WiFi 也很穩，外觀看起來很像商務旅館，晚上會鎖上外面鐵門。卡洛斯德雷爾博物館門票 100 NTD，是少數值得參觀的景點。另外也推薦 Ricos Pan 麵包店，私心認為這是祕魯最好的麵包店。

很推薦 Edgar Adventure 這家公司的 Titicaca 湖行程，這家的導遊很優秀，名聲很好。一日遊 600 NTD，早上八點到下午五點，也有兩天一夜在湖上過夜的行程。

黑色基督

庫斯科（Cusco）是古代印加帝國的首都，也是聖城，據說印加人發現庫斯科後，認為這裡是太陽眷顧的世界中心，因而定居於此。

我惶恐地搭乘巴士來到庫斯科，這次沒再發生意外。我在武器廣場附近找到hostel，這家hostel的背包客數量非常驚人，我算算牆上名單，大概有七十幾個人吧！真的很不得了。或許因為觀光客較多，相較祕魯其他地方，庫斯科的物價也是明顯高一個水平，夜生活特別活躍；我後來發現有些外國背包客白天在房間呼呼大睡，晚上不見人影，早上醒來才驚覺房間怎麼又睡滿。

庫斯科的市中心同樣是武器廣場，但這個廣場遠比其他城市的更大。廣場北側是庫斯科大教堂，當地最主要的信仰中心，東側是耶穌會教堂，也是個不遑多讓的巨大教堂；四周圍繞的古老建築，不乏現代商店的進駐，各種旅行社、麥當勞、肯德基都有。

大教堂的入口在右側的瑪利亞教堂前，不可避免地總是有一團又一團的旅行團擠進去，瑪利亞教堂有個美麗的祭壇，從瑪利亞教堂往右走進大教堂主廳，大教堂每面牆都有好幾座祭壇，環繞不同的聖像，屬於耶穌的繪畫；據說大教堂地底下是印加年代的遺跡，祭壇前的地面就鋪設玻璃，可以看到底下的古老渠道。

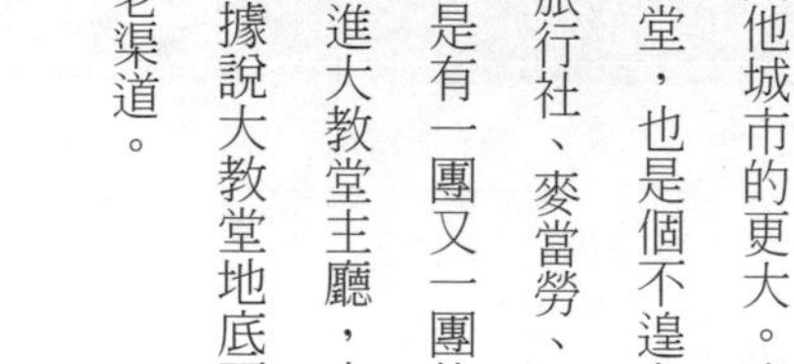

觀光巴士穿梭古城帶來了新舊交會

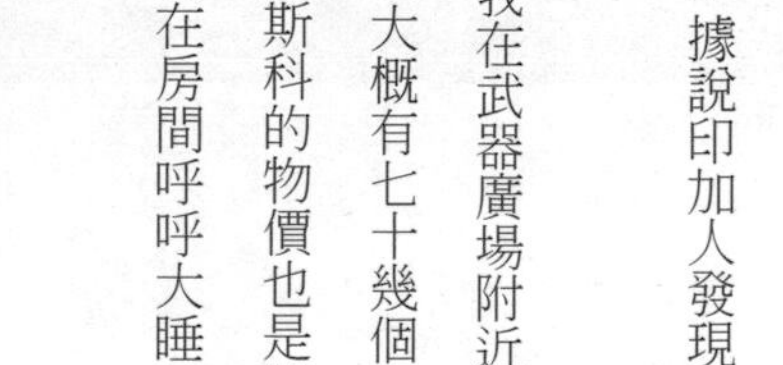

庫斯科武器廣場

太陽神殿外庭院

太陽神殿與印加石牆

烤天竺鼠版《最後的晚餐》

其中最有趣的莫過於大教堂主廳右側的聖畫《最後的晚餐》，這個版本的畫面中，耶穌和十二門徒不是坐在長桌，而是圍繞在一個方桌旁，桌上只有一個盤子，盤中裝的竟然是烤天竺鼠！

這就是庫斯科的烤天竺鼠版《最後的晚餐》，我看到的當時笑得樂不可支。

大教堂真正供奉的是在右側祭壇上的庫斯科地震主（Lord of the Earthquakes），也就是黑色基督。這是一種庫斯科人自我認知的基督形象，意義上是庫斯科的守護神，紀念一六五〇年，正在遊行的黑色基督保佑大地震下的居民平安。我一直覺得南美洲重新詮釋宗教信仰是個很有趣的現象，這大概也是當初傳教士所料想不到的吧！

每年在復活節聖週時，庫斯科都有盛大遊行，這時黑色基督就會離開大教堂，繞著庫斯科走一圈，樓上的居民會對耶穌投擲各種花朵。聽說這是庫斯科有名的觀光活動，近年來規模又更擴張一些。

我花更多的時間在旁邊巷內的印加博物館（Inca Museum），這是整個聖谷最重要的博物館，對於印加帝國的介紹也最完整。城區外圍還有太陽神殿（Qorikancha），是以前印加祭司的天文台，在過去，太陽神殿曾覆滿黃金；後來被殖民的西班牙人帶走，只留下古老的印加石牆在庭院東側，西側幾幅想像的天文圖像。許多圖案現在看來幼稚，比方說有臉的太陽或星星等，卻是珍貴的考古發現。

儘管庫斯科大概是祕魯最觀光化的城市，市中心卻沒有現代化建築，四周聳立巍峨而不平整的石牆，讓人實實在在感覺被古蹟包圍。白天，旅行團的車輛穿梭其中，展現有朝氣的一面；夜晚降臨時，武器廣場上路燈像金黃色的點點星光，映襯路上遊客的身影，古老與現代兩種時光共存在一個空間。

在這樣的祕魯大城市，傳統餐廳和急切拉客的旅行社、戴墨鏡的觀光客和披滿布料的乞丐並肩在同條街上，生活永遠精采。但我來去匆匆，沒有真正習慣庫斯科。可能一路走來的城鎮都相對冷僻，所以我很能享受寧靜、獨處的樂趣。剛來到庫斯科的時候，我對庫斯科的物價和人潮相當感冒；是以絕少和其他背包客互動，但遊走古城的大街小巷，尋訪祕魯特色的紀念品，也是很有樂趣。

當時的我還不知道，從庫斯科再往北走，旅程才是真正辛苦的開始。

聖谷

包括馬丘比丘，庫斯科附近的印加遺跡都在一個稱為聖谷（Sacred Valley）的谷地，如果再加上印加古道健行，玩個十天都不夠。聰明的陳姊弟兩人說，他們選擇自己去聖谷慢慢走，但我的時間不多，一到庫斯科就先報名兩天的聖谷旅行團。

車從庫斯科後山出發，短短一小時就到聖谷東邊的皮薩克（Pisac），路程不長，行程貌似是不趕。我們三不五時停下車，拍拍風景、在休息區慢慢購物，開始有一些其他的旅行團也搭乘巴士進入聖谷時，導遊臉上開始浮現出憂慮神色，頻頻催促我們上車，想趕緊前往皮薩克印加堡壘。

果然進入印加堡壘的路上已塞滿旅行團，我們的車排在後頭，最終還得下車走一段路。堡壘盤據在山丘頂端，旁邊山谷是巨大的印加梯田，這種梯田遍布聖谷各處，幾何形狀多變，皮薩克的印加梯田是半圓弧，一層層疊在下面像蛋糕。

堡壘本身延續印加梯田的層次，也是階層城牆，錯綜複雜地環繞、逐漸迂迴向上，讓敵人無法直接攻到山頂；階梯雖然破碎，但大致還算是好走，我們爬到堡壘頂端俯

皮薩克附近村莊的年輕婦人

奧揚泰坦博如金字塔般的印加

皮薩克聖谷

印加堡壘外向觀光客乞討的婦人

皮薩克的印加堡壘與下方的印加梯田

瞰印加梯田，以及更遠一點谷地的皮薩克村莊，天地壯闊。

沿著烏魯班巴河（Urubamba）河谷繼續往西，下午進入聖谷中另一個印加重心，奧揚泰坦博（Ollantaytambo），距離馬丘比丘區域最近的城鎮。

奧揚泰坦博遺跡是座巨大的印加神廟，遠看有點像是金字塔，印加梯田依舊是往上延伸，通往山頂的神廟宮殿，結構比皮薩克堡壘更完整壯觀。這裡也是熱門景點，巴士把我們丟到山腳下後，就跑去跟其他旅行團搶停車位。

神廟最下層有一整排的凹洞，導覽說，這些凹洞是用來放陶甕，陶甕裡面裝的，就是現在祕魯博物館都看得到木乃伊們。爬上神廟的階梯，回頭俯瞰奧揚泰坦博市區，儘管陰雨持續不斷，但見到霧靄穿梭在聳立的巨大山崖，市區傾斜的屋簷都覆蓋層層的磚瓦。那瞬間，我有一種來到中國華南地區的錯覺，這景象就好像是廣西或桂林的山谷，錯覺帶給我非常浪漫的一瞬間。

奧揚泰坦博神廟的巨大花崗岩每塊都重達五十噸以上，運送過程就像是金字塔式的印加謎題，導遊指著烏魯班巴河彼岸的山頭，所有這些巨石都產自對面，拖拉運過六公里的平原而來。神廟西側有道斜坡，就是方便巨石經由斜坡推上高聳的山丘，藉由簡單的結構上下砌合，古文明的工藝確實是有共通奧妙。

離開神廟後，我沒有再搭上巴士。導遊在巴士旁對我和一對美國老夫婦說：「你們就在這地方逛，晚上六點，記得到火車站去搭印加鐵路（Inca Trail）。」說完，巴士就駛離奧揚泰坦博，留下我們抱著行李站在路邊。

奧揚泰坦博的街頭有很多嘟嘟車，尤其是在通往火車站的那條路，我和那對美國老夫婦在路口找了間小咖啡店，邊喝咖啡邊寫明信片，打發接下來足足三小時的空檔。這間小咖啡店出乎意料精緻，裝潢好看，裡頭還有烤披薩的火爐，能在這小鎮擁有一段喝咖啡的時光，就是在旅程中一段陌生而驚喜的插曲。

傍晚時，我獨自去奧揚泰坦博市中心廣場逛一圈，再回到路口往車站走，這條路晚上很黑暗冷清，直到車站前才看見熱鬧的攤販街。我採購一些簡單的食物和飲水，和另一個也孤單旅行的背包客蹲坐路邊，等著進站。

稍晚才忽然想起來，這旅行團行程放牛吃草的時間未免也太多了點，多到讓人覺得根本是不是被野放，但我挺喜歡這樣的自由調調。

印加之路

第一次看到祕魯人崇敬的玫瑰聖母（Our lady of Rosary）是在奧揚泰坦博火車站，因為形象太有古意，遠遠看，我一度誤以為見到觀世音菩薩。

後來我才逐漸留意，火車站、博物館、甚至是街道路邊，都常有這種是聖母瑪莉亞的祭壇；聖母形象在殖民時代廣受早期印加人接受，體現在如今大量遺留的繪畫或雕塑，聖母形象常包括珠寶緞帶、繫著紅色披風和頭戴的玫瑰花圈等。

聖谷旅行團的團費很驚人，主要是貴在印加鐵路的火車車資。印加鐵路被壟斷，前往馬丘比丘的團費居高不下，每個報名旅行團的背包客難免抱怨一番。

相對於貴得離譜的票價，印加列車本身實在沒什麼令人驚豔的，只有在車廂頂點綴一些印加繪圖；列車行進的速度很慢，大約一個多小時才抵達熱水鎮。原本我還期待沿途會有些聖谷風光，只可惜來回都在黑夜，除了火車探照燈沒有光源，完全沒有畫面，暗夜中連烏魯班巴河都見不著。

回程的印加列車稍微有趣，在我開始打嗑睡前，車箱內忽然播放樂聲，接著有穿著

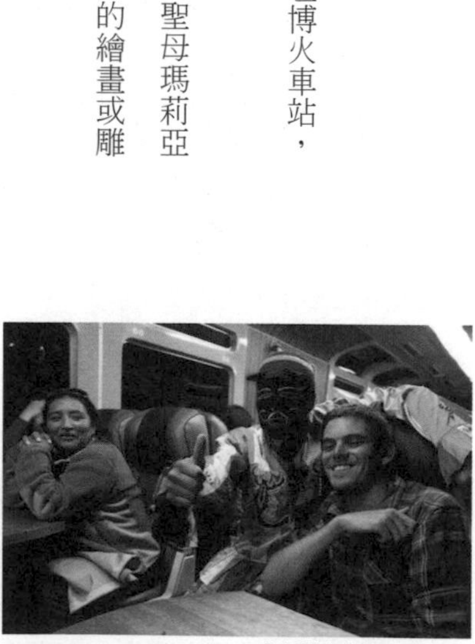

印加列車的搞鬼服務生

熱水鎮火車進站

熱水鎮火車卸貨

熱水鎮市集

熱水鎮

印加列車車廂

詭異的列車服務生跑進來，引起一陣歡呼鼓掌；服務生頭上罩著祕魯傳統鬼怪毛線帽子，只露出眼睛和嘴，活像個被桎梏的小丑。

晚上九點多，火車緩緩減速，是進入熱水鎮市區的前奏。由於兩個原因：奧揚泰坦博只有火車通往熱水鎮、以及火車票太貴，因此導遊都沒有跟著旅行團走，大多是另外安排旅行社的人來接我們這些觀光客。因此當乘客陸續走下印加列車，走上熱水鎮月台時，竟然看見簡直可比機場接機的畫面：階梯上站滿來接人的導遊，每個手上都高舉寫滿人名的牌子，呼喊聲此起彼落。

這畫面相當趣味，但我尷尬地看到接我的男人也同樣高舉我的名字。他是我在熱水鎮的 hostel 櫃檯，領著我鑽出人群，沿鐵軌走進市區；我的 hostel 竟然是在鐵軌旁，這小鎮的夜晚似乎不易安寧，混雜著夜生活的喧囂和火車的汽笛聲。雖然火車節奏聽久也是一種催眠頻率，至少我漸漸能習慣那種噪音。

熱水鎮全名是阿瓜斯卡連特斯（Aguas Calientes），是因應馬丘比丘觀光業而興起的一個小鎮，趕著一早要進馬丘比丘的團，都會選擇在這住上一夜。

熱水鎮很像臺灣平溪，鐵道不是只有在火車站，而是沿月台一路鋪進城鎮；這條鐵軌形成的主要街道是給火車通行，每當進站前，巨大的鳴笛聲響徹城鎮，行人紛紛避走路邊，看著火車鏗鏘響緩緩通過街道。

但是熱水鎮的優美不只如此。第二天早上，我爬上hostel的頂樓，才發現整個小鎮原來是在馬丘比丘山腳峽谷中，四周都是高聳的山崖，山崖上爬滿青苔和岩塊，綠意叢生。有點像奧揚泰坦博，鐵軌就從山崖縫隙間蔓延整個市區，鐵軌兩旁蓋的許多是舊式樓房，雖然凌亂，整個畫面還是很心曠神怡。

有時，火車停駐在大街中，帶來各種物資，幾個工人搬運到市區各地；有時，汽車也經過鐵軌上，壓得碎石子喀喀作響。

熱水鎮的一晚意外獨特，有點像是旅行中的旅行，類似玻利維亞或之後亞馬遜，是跟隨別人排的既定行程。然而聖谷行是半自助，安排很寬鬆，在巴士與火車交接來去間保持一點自己的彈性，沉浸在山巒間的印加氣息。

雖然熱水鎮只是前往馬丘比丘的過程，但是當我聆聽著火車來去的夜，卻捨不得入眠。

馬丘比丘

說真的，我以前對馬丘比丘（Machu Picchu）沒什麼憧憬。

比起來我更期待亞馬遜雨林或其他遺跡，但馬丘比亞無疑是南美洲最具代表性的印加聖地，也是商業炒作最嚴重的景點，看看那精美的印加鐵路就知道。即便如此，當我走進馬丘比丘那刻，還是感動的，竟不自覺也盯著幾小時。

馬丘比丘的失落之城傳說很有名，此處據說建於一四三八年，是當時庫斯科印加王的皇室莊園，每當他想要來度假時，至少要帶一百個隨從幫忙運送隨行物資。

神祕的是，後來的西班牙人一直不知道馬丘比丘的存在。「這怎麼可能？」我們都不相信。導遊說，馬丘比丘祕密始終保存，直到一九一一年七月二十四日，探險家賓厄姆才在一個當地小男孩的幫助下找到失落之城，馬丘比丘在幾乎完整的狀況下重現於世。

關於馬丘比丘有很多穿鑿附會的故事，例如馬丘比丘逆時針轉九十度，就活脫是張人臉側面，後面瓦納比丘山峰是鼻子。還有從瓦納比丘（Wayna Picchu）山頭往下看，整個城市像一隻安地斯神鷹。不過攀登瓦納比丘需要事先登記，一天只有四百個名額，

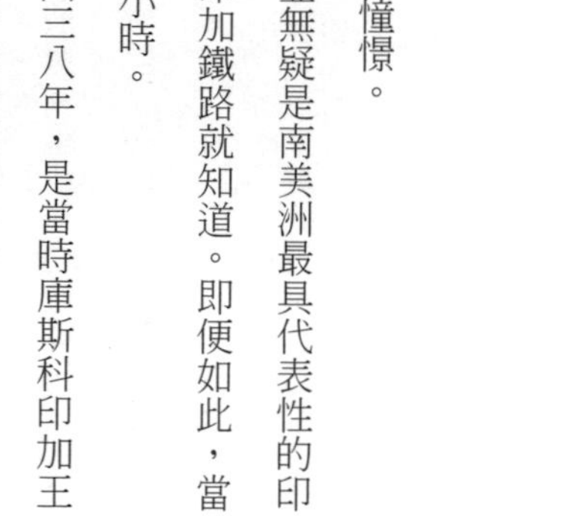

馬丘比丘下城區

馬丘比丘裡面人比樹還多

馬丘比丘城門

草泥馬與馬丘比丘莫名搭襯

Tour Peru 巴士公司從普諾到庫斯科約 400 NTD，車程六小時左右。庫斯科巴士站到武器廣場的計程車約 150 NTD。

Ecopacker hostel 的六人 dorm 一晚 470 NTD，價格便宜，WiFi 不穩、房間擁擠，附早餐但很難吃、廚房設備簡陋到不行，但位置好離武器廣場近，有明信片寄送服務。

一定要參觀的大教堂加上兩側教堂的門票總共 250 NTD，印加博物館門票 100 NTD 很值得一看，較遠的太陽神殿門票 100 NTD 也建議放進行程。

我沒有得到入山許可；導遊開玩笑說，一般人需要爬一小時，當地原住民只要幾分鐘而已，那條路其實很陡峭難爬，可惜無緣見識。

隨著我們走進主城門，穿梭內部，馬丘比丘占地很廣，裡面應有盡有；包括隨從的宿舍、神廟和倉庫等。印加人崇敬太陽，相關的神廟就有太陽神廟、三窗神廟或主神廟等，神廟附近有日晷或祭壇石等關注太陽的動態。從城門到瓦納比丘山腳一系列的景點，馬丘比丘導覽大約兩小時，結束後就解散自由活動。

午後，我坐在山頂的印加小屋前面，看著馬丘比丘的每一道輪廓，以及身旁草泥馬悠哉走來走去；這和呆看冰河的感覺不相同，馬丘比丘是由崎嶇的幾何線條和綠意構成，每個局部都有別於整體的美感，不容易厭倦。

馬丘比丘大概也是南美最多觀光客的地方，無止盡的人潮，川流在馬丘比丘巷道；有旅行團、攝影師，也有跟我一樣時間過剩，癡迷盯著馬丘比丘的浪人。

遺跡附近還有兩個比較不受青睞的景點，印加橋和太陽之門。印加橋是老印加古道的一部分，目前只殘存架在懸崖上的一座木板破橋，兩端被封鎖起來，通往印加橋的路沿山崖所建，峭壁下正是烏魯班巴河蜿蜒繞在山壑間，也還是堪稱絕景。

太陽之門位於馬丘比丘的東南側，和印加橋相反，過程相較結果反而艱辛許多，是一段漫長的上坡路，局部坡度較大與階梯都不甚簡單，但卻是很值得，因為太陽之門有種美好的舒適。可能是來到這的旅人都不是趕時間的人，所以他們也都隨性躺下、用餐、睡覺，甚至看起書；共通點是朝著馬丘比丘的方向，俯瞰印加祭司看的美景，不斷有新人大老遠來到太陽之門，加入悠哉行列。

離開馬丘比丘的那天晚上，我遇到一個意外，根據旅行社的說法，我要自己拿車票搭印加火車，從熱水鎮回到奧揚泰坦博車站，之後一樣會有人拿著我的名字來接。

當我跟著人群擠出車站閘門，竟然和旅行社說得不一樣，沒有人拿牌子迎接。其他人拖拉行李快速往市區走去，我卻站在車站鐵鑄閘門前，背後關門聲一響，我頓時茫然不知該何去何從。車站外圍有不少計程車專跑庫斯科，他們看到我站在車站前落單，彷彿都眼睛一亮，紛紛圍上前搶著載我回庫斯科，我連忙揮手解釋有人會來接。

我尷尬地站在火車站前發愣，一氣之下，直接用手機打國際電話回庫斯科的 hostel，質問他們怎麼沒有人在奧揚泰坦博接應；hostel 在電話中頻頻道歉，要我務必在火車站前繼續等，他們的人很快就來。

我和那些司機持續對峙半小時多，旅行社的人終於出現在火車站前，巴士一直到晚上十點才離開聖谷，也離開記憶中的那場印加夢境。

如果在 Ecopacker hostel 的旅行社買聖谷加馬丘比丘，兩天一夜的行程 6600 NTD，包含第一天午餐、熱水鎮的住宿（Ecopacker hostel 分店）、來回的印加鐵路車票，但不包含皮薩克和奧揚泰坦博的聖谷門票，聖谷門票約 700 NTD。在皮薩克買了後到奧揚泰坦博也可以使用，不包含熱水鎮到馬丘比丘的巴士車票，也可以步行上山。馬丘比丘內的食物飲料非常貴，強烈建議自己帶，另外旅行社也可以安排印加古道替代道路的健行，行程四天三夜。

馬丘比丘一年四季都是旺季，早上十一點到下午兩點人會比較少一點。印加古道和瓦納比丘都需要上網預約。網址：http://www.machupicchu.gob.pe/

前進利馬

地圖上看起來，庫斯科到祕魯首都利馬（Lima）不是多長的距離，但因為中間要繞過極崎嶇的山路，總車程竟然要將近一整天。

這次旅行坐過許多次夜車，剛開始很不舒服，到後來搭夜車已經成為背包生活的一部分。去利馬我搭的是祕魯最好的巴士公司 Cruz Del Sur，椅子幾乎可以一八〇度躺下；隨時供應飲料和點心，正餐就像飛機餐點一樣，用鋁箔和塑膠盒裝著。雖然號稱有WiFi服務，但山區連不上網，我重複睡睡醒醒的節奏，夜車的疲憊也逐漸麻木。巴士沿峽谷到阿班凱（Abancay）後，離開峽谷進入濱海公路，爾後直達利馬。

利馬沒有特定的長途巴士站，巴士停在 Cruz Del Sur 公司門口，乘客全部下車到巴士站大廳等行李；他們真的學飛機模式學個徹底，連行李都要等他們全部送進大廳，才能在櫃檯領取，偏偏他們動作很慢，一群人等到終於清醒了才拿到行李。

利馬很大，巴士公司在中心區和米拉弗洛雷斯區（Miraflores）中間，我最後決定去米拉弗洛雷斯區住宿，後來就再也沒想去中心區。

前往利馬的崎嶇山谷

不可思議的 hostel 庭院

Cruz Del Sur 巴士從庫斯科到利馬的車票大約 1800 NTD，可由旅行社代訂，要先搭計程車到 Cruz Del Sur 公司，每天下午兩點發車，隔天中午十二點到。

Hostel El Patio 最便宜的 simple room（無衛浴）一晚 960 NTD，非常值得住一晚，庭院美觀、早餐豐盛、位置方便。附近的 Hostel Puri Wasi 的四人 dorm 一晚 460 NTD，比較大的問題是樓層很高，常需要爬上爬下，不過是便宜好選擇。兩家都在米拉弗洛雷斯區，從此區到機場的計程車約 450 NTD。

米拉弗洛雷斯區公園常有樂團表演

前往利馬路過的小鎮市集

抵達米拉弗洛雷斯區後，我翻閱手上的《Lonely Planet》，通常我是不會注意「奢侈一下」這種標題，那幾乎都是我住不起的高檔旅館，但這天恰好看見隔壁街有一間推薦的住宿，姑且背著背包走過去參觀。

Hostel El Patio 雖然號稱 hostel，但我完全不覺得它的客群是以背包客為主，走進大門後前面是一道漂亮的長廊，四周栽植藤蔓，庭院中間有雕塑華美的噴水池，還有一個巨大的鳥籠，走道上擺放有書櫃、繪畫。當我訝異地欣賞 hostel 的擺設時，發現庭院中一對華人男女正在吃著早餐，他們也看見我，正以好奇目光打量著。

「你們從哪裡來的？」我用英文問。

「臺灣。」他們說。怎麼這麼巧又在南美洲遇到臺灣人？又是夫妻？我驚喜地想。

南美洲的臺灣人很少，但我沿路竟可以一直遇到。這位活潑的臺灣女生是 Joyce，她說他們因為在祕魯的機場走錯出口，護照上沒有入境章，就這樣被祕魯官方當作偷渡，無法離境。連他們被飛機載走的行李都追不回來，被迫滯留利馬，等待外交部救援，簡直是倒楣到不可思議，他們從此對祕魯的印象差到不行。

沒想到隔幾天，我家人和朋友不約而同傳一條新聞連結給我，新聞標題是：

「度「祕」月！新婚夫妻遭滯留祕魯回不了台」

這則新聞當時讓我很有親切感，新聞內容以航站情緣比喻，把 Joyce 他們的困境說得有聲有色，充分展現媒體渲染的技巧；但當時我已經遠遠離開愛莫能助，後來在我離開南美洲的那天，看見 Joyce 在臉書報喜，終於逃出祕魯。

米拉弗洛雷斯區在利馬屬於高級住宅區，林蔭處處，街巷內也不乏有品味的餐廳，有的甚至有小提琴演奏，治安相對於市中心好，但可以參觀的地方卻寥寥可數。中央公園也常看見有年輕人彈奏鋼琴、拉小提琴，甚至有次經過時還巧遇野生的樂團表演，這已經不是街頭藝人等級，旁觀民眾多到好像演唱會現場。

至此，旅行已恍然走過一個半月，鏡子中的自己頭髮也長了不少。我在利馬找間理髮店剪頭髮，理髮師傅剪得細心，收費便宜；接著在一間生意清淡的中國餐廳，吃許久不見的餛飩湯麵，採買生活用品為之後的亞馬遜做準備。

同寢室的室友聽我說要進入亞馬遜，展示他傷痕累累的手臂，告訴我這都是螞蟻咬的，怵目驚心，我對於亞馬遜的期待又更複雜了一點。

亞馬遜

「我仰望無垠星空愉悅地對我眨著眼，彷彿在回答我內心深處生起的問題：我這樣值得嗎？值得！」——一九五二年五月，切・格瓦拉搭乘西尼帕號通過亞馬遜叢林往伊基多斯（Iquitos）。

《革命前夕的摩托車日記》中最有名的一段，大概是切・格瓦拉在亞馬遜的痲瘋病人村行醫。以前歐洲人帶來各種疾病，南美洲人沒有這類疾病的抵抗力，據說還有整個種族被疾病屠村的。亞馬遜地處偏遠，痲瘋病人得不到妥善照顧；但對於文明人來說，亞馬遜也是充滿神祕的地方，大蟒蛇、食人族，許多傳聞繪聲繪影。

在利馬度過週末後，我搭飛機前往伊基多斯，伊基多斯是全世界最大、陸路無法抵達的城市。四面環繞亞馬遜河，這個城市最早是由傳教士建立，為啟迪原住民信仰而拓荒；後因雨林橡膠業而興盛，在頂峰時曾住了四萬人，如今開發的人已遠，觀光業取而代之。因為公路無法到達，聽說物資都是船運或空運進來，伊基多斯像座孤島，一切都隔絕在我所熟悉的祕魯之外。

亞馬遜大概是我在南美洲待過最落後的地區，伊基多斯的街頭滿是破舊的房舍，到

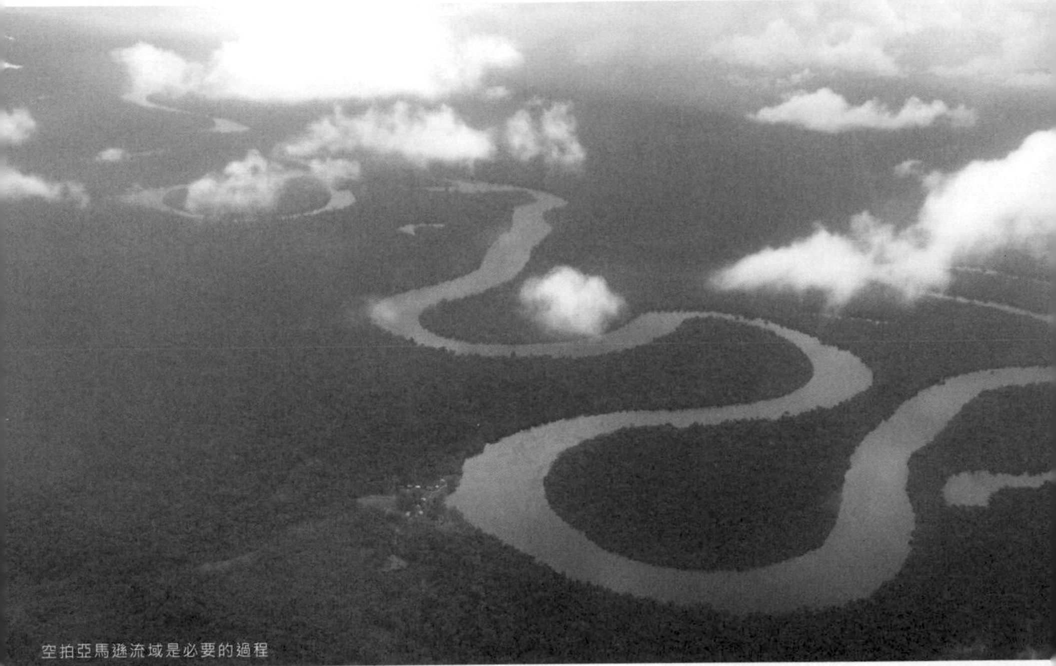

空拍亞馬遜流域是必要的過程

泥濘中的生活

伊基多斯市中心的武器廣場

Nauta 與亞馬遜港口共生

處是木板拼貼的圍牆；道路上的水泥塊淩亂不堪地剝落，浸泡在灑滿城市的大雨。蠻荒遠比潮溼更讓人感到窒息，隱約帶一點冒險的味道。

我想起前年過年時在緬甸旅行的日子，那大概也是我對伊基多斯的印象。

我在伊基多斯住過兩間 hostel，看起來都像是明顯正在施工可是卻又莫名停工。我進去他們的通鋪參觀，就彷彿軍旅生活，打鼾聲此起彼落不可恭維，空氣又醞釀遠勝於夏季軍營的潮溼，夜間電扇在頭頂嗡嗡作響，睡得異常煩躁。

儘管環境險惡，但仍有觀光業支持伊基多斯的發展，我好像又回到聖佩德羅街頭，這裡也有無數旅行社辦亞馬遜行程，每間旅行社有自己的導遊、自己在雨林中專屬的樹屋。走在街上時，難免被不少業務鎖定拉客，他們甚至都準備好簡報，搶著要我坐下聽他們介紹，就這一點，我始終無法感到坦然而逃避著。

但我還是選一家往亞馬遜上游的旅行社，聽他們天花亂墜的簡報，後來，我才知道那些照片都僅供參考，亞馬遜生活絕對很克難。

隔天不算早的九點，我依約出現在旅行社前，看他們把我的行李丟上車。

同團的是一對香港老夫妻，姓簡，他們倆很黑很瘦小，我一度還誤以為他們是當地人；他們會說一點國語，我們的交談就常混合國語、英語、廣東話三種語言。聽說他們兩個孩子都比我大，卻還有精力來亞馬遜探險，著實令人欽佩。

我們搭一小時的車先到伊基多斯上游，一個稱為Nauta的小城鎮，隨後換搭摩托計程車到港口，在這裡坐旅行社準備的汽艇進入叢林。

我原以為伊基多斯已經夠貧瘠，但沒想到Nauta的景象更加原始，是真正從亞馬遜長出來的叢林居民；港口邊地面泥濘不堪，雜貨店都是用潮溼木板拼湊而成，攤販賣一杯不到十元的飲料。周遭衣服襤褸的當地人好奇地打量我們，令人不安。導遊隨性地自己去吃早餐，我們三個在港口邊亂逛，買一些紀念品和未來三天需要用到的物資，當船開拔那刻，說不出是興奮還是緊張。

Nauta附近有個支流匯聚的河口，主要河道呈現混濁的土黃色，支流則是清澈的湛藍。河口也是著名的亞馬遜海豚出沒的區域，有灰海豚、也有粉紅海豚，牠們竄游在河面下，不時從水面探出背鰭、甚至跳躍出水面，露出半個身軀，引起我們的驚叫，但海豚動作矯健，很難捕捉那些美麗的身影。

河口周圍也是夜鷹的棲息地，黃昏時分夜鷹成群結隊起飛，繞著一棵枯樹逆時針不斷盤旋、徘徊，像滿天飛舞的紙片，剎是好看。

從河口開始，就是真實的亞馬遜生活，另外一個世界。

聽見雨林的聲音

或許亞馬遜的景色不是什麼強烈的畫面，永遠擠滿綠色的植被，從混濁河水中開枝散葉；但亞馬遜的聲音，卻比過去的旅行更豐富，比視覺更深地烙印在回憶中。

雨林中無處不在的，是永不停歇的鳥鳴啁啾；尤其清晨時，鳥啼聲嘹亮迴盪得令人難以成眠，像不停播的樂聲和弦。我注意到有一種鳥鳴特別突出，類似水滴落到池塘的那種「噗通」聲響，夾雜在百鳥齊鳴的合奏曲中，導遊說那種鳥是 Oropendola。這導遊很厲害的是可以模仿各種鳥叫聲，維妙維肖。

我終於明白亞馬遜的神祕之處，潛藏在環繞四周的沼澤池塘，所有動植物都生長其中，而水是混濁不清的，完全沒有能見度，就像大蟒蛇電影中一樣地混沌不清，尤其小船穿梭叢林河道的探險畫面，一開始給我們不小的壓迫感。

船開進 Cumaceba 支流，再漂流半小時後才抵達雨林樹屋，遠遠看，好像是個還不錯的木造宿舍。等我們住進去後，才發現裡頭簡陋得超乎想像，剛抵達的那天，前一團的人還沒離開，他們是一團帶兩個小孩的家庭；爸爸跟我說希望能讓小孩體驗雨林，

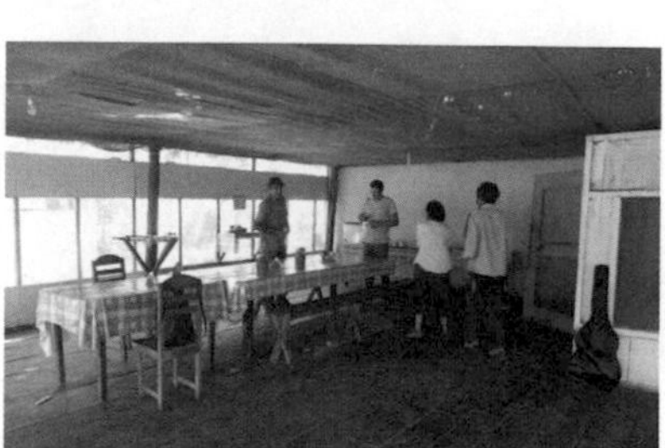

木屋餐廳是用蚊帳包覆

亞馬遜就從無盡沼澤中長出來

夜鷺滿天飛

木屋外觀

當地人兜售紀念品

進出都走水路

他的爽朗讓我當下有種感覺，彷彿在雨林中生活自然而然、或必須變得更樂觀。

雖說行程不便宜，但我們在亞馬遜的三餐跟玻利維亞一樣草率，卻帶有濃厚雨林味道；通常吃的是白米飯加樹薯，還有某一種幾乎一定會出現的白色蒲葵，再配上清涼的番茄黃瓜、檸檬汁，盤中是就地取材的自然組合。

木屋的供電僅限晚餐後兩小時，之後就是完全的黑暗。雨林中的夜晚特別陰森，幾乎沒辦法做其他事，都是吃完飯直接睡；我和簡氏夫婦都沒帶手電筒，所以木屋額外幫我們準備幾根蠟燭。晚上我們端這些燭台回房間，燭光閃爍是黑暗中唯一的光源，更平白增添幽暗詭譎的氣氛。

然而，在這不穩定的黑暗中，仍聽得見空氣嗡嗡響的震動迴盪。蚊子是亞馬遜惡名昭彰的罪魁禍首，即使防蚊液灑滿門縫、牆角、蚊帳，都只能維持幾分鐘，很快蚊子又一團團無孔不入地鑽進來。

我以為，原始的天然環境應該是讓人放鬆，但在亞馬遜卻異常煩躁，或多或少是受到縈繞四周的蚊子影響，偶爾靜止時，也冷不防聽見耳邊嗡鳴聲。

不到一天，我已經認知到與昆蟲共存是亞馬遜必須學習的一部分。我前不久跟

Wesley 說在南美洲沒看過蟑螂，亞馬遜在這點也很不同，每晚都有許多蟑螂在房間橫行；加上滿桌的螞蟻，密密麻麻從桌腳淹上來，最後我索性連行李都收進蚊帳。或許對於這些生物而言，過客三天的我們才是外來者，無端打擾牠們的生活。

這些都還不是最驚嚇的經驗，有天晚上我端著蠟燭走進廁所，將蠟燭擱在馬桶上，脫光衣服正準備洗澡時，手不小心揮到窗簾；一隻全身毛茸茸，比手掌還大一些的蜘蛛衝進廁所，那個瞬間驚嚇程度絕對是整趟南美洲之最。我當場嚇得動彈不得，甚至忘記要衝出去，在那間狹窄廁所中，恐懼迅速凝結成煎熬。但牠許久沒反應，我開始壯著膽子沾一些水灑在牠後面，好險這蜘蛛也好脾氣，慢慢地順著牆爬出廁所。

隔天我們在雨林中又看到那種蜘蛛，導遊說，那是有名的 Tarantula，也就是南美狼蛛；有毒，甚至會攻擊鳥類，這麼「可愛」的動物在廁所亂跑是想謀殺我嗎？

雨林的生活充滿混亂，不過相較於當地居民而言，我們過得已經很奢侈。

我們沒有任何收訊可以和外界聯絡、甚至沒有電力幫手機充電，每天能做的，就是聆聽鳥鳴聲、看雨林中深邃的綠色漸層、漂流在亞馬遜之上。

導遊安排行程很隨性，我們三個也從來都不知道下一步要去哪。最常聽到的話，都是「我們去那邊繞繞看，看有沒有動物。」然後是兩小時的漫遊，不過導遊對飛禽走獸的知識非常淵博；我喜歡動物，還算能享受靜靜找動物的過程，同行的簡老先生就顯然覺得無聊。

第二天早上，導遊說今天早上要去釣魚當午餐，發給我們樹枝般脆弱的釣竿，在鉤針上掛個雞肉當作魚餌，就往水裡扔進去。導遊一個人架著三根釣竿，不過釣魚本身沉悶，簡老太太釣竿根本就只是擱著，自顧自地打盹。除了導遊一開始釣到一隻食人魚，我們三人最後都空手而歸。

沒釣到魚，導遊竟然真的不把他的那條分給我們，隔壁團的人好心邀請我們去吃他們的戰利品，食人魚味道和一般魚肉沒兩樣，沒有想像中驚奇。

亞馬遜的天氣變化之無常，也很令我們印象深刻，往往前一刻還豔陽高照，下一刻就傾盆暴雨掃過。當天下午，我們去較遠的樹林看猴子，就不巧遇上暴雨，正當我們

樹懶實在很懶

亞馬遜居民的家

亞馬遜居民的家 2

Star Peru 有從利馬到伊基多斯的班機，票價最便宜約 3000 NTD，從伊基多斯機場到武器廣場的計程車合理價格是 50 NTD 左右，這裡的計程車司機很會敲詐。

伊基多斯 Green track hostel 三人房 300 NTD，附早餐無熱水冷氣，但位置很差不推薦。武器廣場附近有另一家 La Casa Del Frances 單人房 450 NTD 附冷氣，同樣沒熱水。伊基多斯外圍治安較差，盡量不要離市中心太遠。

這對是亞馬遜原住民版本的小龐和詹姆士

都沒帶雨傘，抱著頭忍耐雨水灌頂，竟然有兩條魚隨雨水跳進我們船艙，就摔在我腳跟前，我大聲呼喚導遊：「我的晚餐！」但這兩條魚終究沒有出現在餐桌上。

雨林的第三天，導遊開船把我們載出去，沒多遠就關掉引擎，示意我們小聲一點。他拿出隨身的柴刀，安靜劈開眼前茂密垂下的藤蔓，來不及劈斷的我們就東閃西躲避開；聽說樹幹會有些毒蜂，導遊要我們盡量別碰。

樹林後面一樣是座稍微開闊的沼澤，導遊轉過頭，要我仔細看前面一棵大樹，在離水面大約五公尺高有個樹洞，幾雙賊溜溜的眼睛在樹洞裡窺看；對看許久，緊接著忽然幾隻猴子衝出樹洞，往更高的樹頂端攀爬。導遊說那是很難得見到的夜猴，當地人稱為Musmuki，夜猴在白天幾乎都躲在樹洞裡睡覺，前陣子他也是意外發現這有夜猴樹洞，我們能看見夜猴，這一趟算值回票價。

有些動物不是這麼容易見得著，導遊就帶我們到亞馬遜村莊，有戶人家就專門飼養動物給我們這些觀光客看。這一家最搶戲的是一隻巴著狗脖子不放的小蜘蛛猴，牠偶爾跳下來翻找食物，當狗走遠牠立刻追上前，好像狗的脖子是牠的專屬座位，簡直是亞馬遜原住民版的《狗狗猩猩大冒險》。

他們還養了一隻肥肥胖胖貓一般大的南美鼠，和三條在臉盆裡擱淺的小凱門鱷，動物之間似乎很熟悉，我們看到蜘蛛猴去嗅南美鼠的籠子，也看到貓咪遠遠觀察凱門鱷的臉盆，想去逗弄又有本能的危機感，動物間的互動總特別有趣。

樹懶其實是亞馬遜很常見的生物，這戶人家養了兩隻樹懶，牠們的爪子很利很長，可是動作實在太慢；簡老太太抱起其中一隻樹懶，牠不知道花了多久時間才搞清楚狀況，慢慢地抱住她。這舉動讓簡老太太大喜：「好可愛！好想帶回家養！」

在亞馬遜雨林漂流整整三天，我們徹底體驗雨林的一切，當時我們都覺得三天差不多就是極限；對於亞馬遜的美麗與原始，我們都無法一直過那樣的生活，即使，我們比當地人住的舒適得多。亞馬遜的神祕不負期待，但我們會懷念文明世界，會想念洗得乾乾淨淨睡在柔軟白色床墊上的日子。

隨著生活條件改善，我想我們都被教化成無法回頭過那樣蠻荒的生活，當我們的船駛離木屋時，確實在心底聽見鬆口氣的聲音。

Amazon Adventure Expeditions 的亞馬遜行程 4500 NTD，三天兩夜，路線相較其他家冷僻，但是亞馬遜每個區域看得不盡相同，端看個人選擇。武器廣場附近有很多旅行社拉客，可以多看多比較。亞馬遜幾乎沒有電力，手機和相機的電要先充飽，一定要帶頭燈或手電筒、防蚊液也是必備，進叢林後就沒有雜貨店可以買。

黃熱病疫苗可以在臺大醫院家醫科接種，那裡也賣瘧疾用藥。

哥倫比亞

前往加勒比海的風

Colombia

chapter
05

順流而下

祕魯是一個旅人的舒適圈，所以當我要離開祕魯的時候，相當不捨，也很不安，尤其我對哥倫比亞的旅程有點擔憂。

回到伊基多斯後，我沒有太多時間休息，只住了一個晚上就順流漂到亞馬遜中繼站，聖羅莎（Santa Rosa）；隔著亞馬遜河，對岸是哥倫比亞的萊蒂西亞（Leticia），這是三國交界的三不管地帶。孤立在河面上的小島嶼，我從這座島嶼入境哥倫比亞，城區的另一端就是巴西的塔巴廷加（Tabatinga）。

前往聖羅莎的快艇清晨發船，此時天還漆黑，港口有個警官拿著手電筒一一探查旅客行囊，他打開我的背包，很慶幸沒翻亂太多就讓我下去船邊。

快艇才開出沒多久，伊基多斯一帶亞馬遜颳起狂風暴雨，外頭較大型的輪船也被吹得搖晃；船慢慢駛出港口，船在河道上晃呀晃，珍珠大的水滴從眼前的窗框順著玻璃凌亂刷落，視線一片模糊，晃得我漸昏沉睡去。

再醒來時，大雨早已停歇，快艇正加速疾駛在亞馬遜之上，河道寬闊得不像上游，上方一道雨後彩虹隨著我們順流而下褪色在天邊。

傍晚前太陽逼近河面邊緣，我們才抵達聖羅莎，岸邊是一個低矮的木造碼頭，我一上岸就有個胖男人走過來，說要帶我和另外一位德國女背包客辦出境。我們跟他走進市區，市區街道看起來比伊基多斯更簡陋，房屋幾乎都泡在水裡，進出是走木板搭建便橋；那男人先帶我們到警察局登記，接著前往出境處，出境處官員正跟家人小孩在後面房間吃飯，他笑著要我到前面等，看都不看就直接蓋上出境章。

回到港口邊，只剩下德國女孩一個人在等我，我們合租一艘小船去萊蒂西亞；船先停靠塔巴廷加，再轉往萊蒂西亞，和聖羅莎同樣是木頭打造的破舊碼頭。上岸後，我和德國女孩立即道別，各自去找想住的旅館。

過往的旅行教會我一件事，旅行就像一條彈簧，有時緊繃完就該放鬆步調，絕對別逼自己太累。受夠連續一星期在亞馬遜叢林髒兮兮的日子，抵達萊蒂西亞的當天晚上，就直奔大街上看起來最高級的旅館洗個乾淨；頓時感到有點虛榮滿足，住進這間星級的飯店和其本身存在，在萊蒂西亞都顯突兀，無法和亞馬遜相提並論。

旅館隔壁是一間裝潢狂野的餐廳，為了使用他們的網路，也是我最常逗留的地方。不過第一天晚上，我就在吃飯時遇到一桌亞洲人。

這團全部都是導遊，來自泰國、馬來西亞、印尼等東南亞國家，其中一個名叫

哥倫比亞幣兌新臺幣匯率以 60：1 計算（二〇一四年），以下皆以新臺幣為單位。

從伊基多斯到萊蒂西亞有兩種船班，慢船要開三天，快船大約十一小時。快船公司有很多家，GOLFINHO 三五日發船，TRANSTUR 一四六發船，快船價格都是 2000 NTD，船上提供餐飲，從武器廣場搭計程摩托車到碼頭大約 20 NTD。

Michael 的男生竟然會說中文，原來他曾經在臺灣世新大學交換學生；他們一群人很瘋哥倫比亞的夜生活，Michael 輕挑地說，哥倫比亞女生非常熱情，可以好好認識一下。

哥倫比亞是毒品和咖啡的故鄉，Michael 說，暗號是在路上用拳頭敲頭，就會有人拿古柯鹼過來。不過買賣古柯鹼在哥倫比亞依然違法，據說有些毒梟會跟警察勾結拐騙遊客，所以買賣仍要注意。我問 Michael 有沒有嘗試過古柯鹼，他神祕笑著，這些導遊未免也玩得太開心。

晚餐後，他們準備續攤去附近的夜店玩，我已經累得無法理解萊蒂西亞有夜店這種超現實的事，便拒絕他們的邀約。一位馬來西亞女孩在臨走前熱情地用臉貼我的臉道別，這是南美洲打招呼方式，我第一次嘗試，對方卻不是南美洲人。

這兩天唯一的行程是去塔巴廷加晃晃，兩國之間只隔一道檢查哨，七八個警察或站或坐據守在邊境兩側，偶爾盤查來往汽機車，只是盤查，沒有辦任何手續的樣子。

我在一旁端詳許久，直接走過檢查哨，那些警察看了我幾眼，也沒阻攔我的意思。

大概溜進巴西太過於無感，我一直不是很確定是不是還在萊蒂西亞，後來是遇到一間小商店，我探頭進去問：「塔巴廷加？」胖胖的老闆熱情說是，順便也問我從哪來的，我說是臺灣，他笑笑說，歡迎來到巴西！

聖羅莎港口

順流而下的快艇清晨啟航

若沒延誤，快船約下午五點抵達聖羅莎，同一個碼頭有小船到萊蒂西亞約 100 NTD。從碼頭上岸後面對的第一條大街上有幾間兌幣處，左邊有幾間銀行。

Hotel YURUPARY 是萊蒂西亞最好的住宿之一，亞馬遜地區物價較低，雙人房一晚只要 1000 NTD，有冷氣和獨立衛浴，附很好吃的自助餐早餐，但是沒有 WiFi。如果需要 WiFi 要到隔壁餐廳借用。從 Hotel 到機場的計程車大約 115 NTD。

萊蒂西亞港口

萊蒂西亞與聖羅莎之間的夕陽

咖啡與毒梟

我先時空對調一下，先聊聊哥倫比亞的首都波哥大（Bogota），最後再談加勒比海。萊蒂西亞和伊基多斯一樣，都是陸路無法到達的城市，唯有搭乘飛機從亞馬遜飛過來；只要從萊帝西亞起飛就等於入境哥倫比亞，而哥倫比亞入境處就設在機場的一個辦公室，我辦好簽證，入境哥倫比亞順利得不可思議。

差不多剛好一個月前我在聖地牙哥腸胃炎的當時，聽聞《百年孤寂》作者，哥倫比亞裔馬奎斯逝世；受到魔幻寫實的影響，對於哥倫比亞的神祕感相當懷抱期待。直至我步出機場，才看見她是超乎想像進步的城市，眼界中不乏現代化的高樓與寬廣公路。波哥大海拔二六〇〇公尺，一部分的市區依山而建，從機場搭車到山坡邊的 hostel 一小時，大部分時間是在狹窄小徑繞著。

這區是很典型的山城，鋪在地上的石磚崎嶇不平，隨著山勢逐漸往上攀升。hostel 房子乾淨寬闊，他們在庭院養隻母貓和三隻半個月大的小貓，大家路過時都喜愛把小貓抱著逗弄。有天晚上，母貓突然跳到我床上跟我擠，當下嚇得我揮手驅趕，我沒有養貓經驗，一時不能接受貓咪有親暱舉動。

後來想起來，雖然在波哥大時間不長，但卻很是懷念，回憶或多或少都是受到 hostel 的影響，包括那幾個蹲在院子撫摸貓咪的夜晚。

哥倫比亞在整趟旅程中是相對不安全的國家，據聞波哥大街頭時有搶案，我不太敢隨意上街；於是 hostel 推薦我參加一個不錯的 bike tour，有導遊帶著走一圈波哥大景點。當天見到同團近二十位的觀光客，陣容龐大，團中一位美國大叔自我介紹說，他是教藝術的教授，因為擔心治安而參加 tour，其他人都心有戚戚焉。

我們從山邊的媒體公園出發，下坡到玻利瓦爾廣場鬧區，沿主要的第七大道到北區的獨立公園，一路上我們像路霸似的，橫行在波哥大意外繁忙的街巷。

在獨立公園短暫休憩時，導遊談了很多哥倫比亞所經歷的苦難，直到現在傷痛都還深植在他們心底，比方說波哥大年輕人都要選擇服役或當警察，但大多數人會選擇薪水較少的警察。導遊遲疑一下，戲劇化地緩緩說：「你們要試著想像，哥倫比亞的軍政府歷史非常慘痛，很多人的家庭因此破碎，他們不從軍是有他們的傷痛在。」

午餐在路邊嘗了攤販的烤香腸、馬鈴薯和水果冰後，附近還有個聖瑪利亞鬥牛場，也算是西班牙人帶來的娛樂。導遊說，這裡至今仍舉辦鬥牛賽，鬥牛有時會衝進觀眾席，坐在前排觀看比賽危險又刺激。

這帶已經是北邊的高級住宅區，附近都是美國幫忙建設的商業大樓，在可見的現代化衝擊下，哥倫比亞社會仍然處處流露掙扎與矛盾。

導遊提醒我們，別忘記哥倫比亞是咖啡的主產地，生產阿拉比卡銷售至全世界。下午最主要的行程就是參觀咖啡工廠，這間工廠的地點隱密，門口也沒有招牌，後來我才知道我們走的是後門，前面是他們兼營的咖啡店。

喝咖啡的空檔，意外發現同團另一位美國女生曾經造訪臺灣，而且還在臺大交換學生三個月；她細數懷念臺灣各地好吃的夜市，說著聊著，我也想念家鄉了。

咖啡工廠位在治安較差的貧民區，導遊叮嚀我們千萬不要落單，也盡量不要把相機拿出來；我們迅速穿越街道，一個挨一個騎得很近。我趁機瞥幾眼路邊的幾家店，有幾間明顯是娼寮，路邊許多閒晃的年輕人輕挑打量著我們，視線讓人很不舒服。即使再回到市中心，我那幾天還是未曾放鬆片刻。

離開哥倫比亞那天是五月二十五日，正是四年一度的哥倫比亞總統大選日，hostel

單騎穿越高級住宅區的公園

波哥大山城區的媒體公園

紅燈前常有趁機做生意的小販或街頭藝人

咖啡工廠

工作人員提醒我們不要亂走，大選前的波哥大更加不穩，甚至連市中心玻利瓦爾廣場（Bolivar）都被封鎖，周邊大教堂、國會議事廳等政府機關嚴加戒備。

幾次路過玻利瓦爾廣場時，偶爾見到民眾在外示威，雖然也看過牽著草泥馬的傳統婦女在街道旁邊，但都被警察擋在廣場外，氣氛緊張不言可喻。

永遠的黃金城傳說

前往黃金城和鹽教堂的導遊兼司機是個女生，她說原本是她的旅行社老闆爸爸來帶我們，但她爸爸臨時去麥德林，她只好充當導遊，這讓我們有點擔心。

這團總共四個人，我和一對英國情侶，還有一個最後接來的哥倫比亞女生，因為導遊不太會說英文，還好她可以充當我們的翻譯。我們光是從波哥大到黃金城就開了三小時，都猜想導遊是不是迷路。

瓜塔維塔（Guatavita）在當地印第安語的意思是生命之母（mother of life），位於波哥大北方約七十五公里的高山上，從公園入口處又走了半個多小時，才看到像祖母綠般深邃的湖水被群山包圍，那就是「黃金城埃爾多拉多」。

埃爾多拉多（El Dorado）傳說的起源大約在十六世紀，是最有名的黃金傳說。當時西班牙軍隊擊敗印加帝國，無意間從印加人聽說一個故事；後來前往南美的探險家都知道南美洲有一個神祕部落，會進行一種特殊的宗教儀式，酋長在全身塗滿金粉後，浸泡在裝滿黃金的湖泊中。

這件事到後來竟演變成歐洲人對黃金城的著迷，無數探險家湧入南美，西班牙國王下令不惜一切代價找到黃金城；多數人空手而歸、死在途中，這些人始終沒找到寶藏。後來在十九世紀，德國地質學家才證實失落的黃金城就是瓜塔維塔湖。

很難想像，西班牙人為了得到傳說中的黃金，幾乎到了偏執的地步，手段更無所不用其極。他們先是開挖一條山路，讓工人進駐到黃金湖旁邊，然後異想天開用人工舀水的方式一桶桶把湖水舀乾。我們邊聽導遊解說邊爬山，心下不禁咋舌，此舉堪比愚公移山般任性，當然，最後西班牙人失敗了。

他們下一步是在湖旁邊挖一個渠道，讓湖水導出去，露出下面的黃金城，不過再度失敗了，現在依然看得出旁邊有道開挖過的峽谷。西班牙人胡鬧的結果沒有讓黃金城現身，湖水綠波盪漾，曾經存在或不存在的黃金城仍引起我們無限遐想。

離開瓜塔維塔湖是下午三點，拖這麼晚不知道是不是導遊迷路的緣故。我們一直都沒吃午餐，儘管我在旅行中已經習慣食量極少，還是餓得發慌，更遑論其他三人，終於熬著等到錫帕基拉（Zipaquira）才吃到一頓不錯的晚餐。

鹽教堂在錫帕基拉的後山，我們到達時距離打烊只剩下一小時，導遊猛跟門口警衛撒嬌、拋媚眼；而那個胖警衛還是一副愛理不理，看得我們在後座冒冷汗。如果警衛

Masaya hostel 的五人房一晚 410 NTD，早餐很好吃但另外收費 115 NTD，床鋪很舒服，廁所非常乾淨，不過後面的房間收不到 WiFi，從機場到 hostel 的計程車約 410 NTD。

City bike tour 行程 580 NTD，早上十點半或下午一點半出發，約五小時。瓜塔維塔行程和錫帕基拉鹽教堂的一天行程 1830 NTD，早上十點出發，也有個別行程，但一起買比較划算，以上行程都可以在 hostel 直接報名。

第七大道是主要鬧區，有銀行和超市，走在波哥大街頭要隨時注意財物安全。

不讓我們進去，我們就完全白跑這一趟。好險幾輛車出來後，警衛示意我們可以進去。

鹽教堂號稱哥倫比亞第一奇觀，裡面的燈光布置精緻得令人震撼，彷彿是走入異世界的洞穴。入口是燈光走廊，往下走到第一層，這裡幾乎是照聖經故事造的燈光布景；諸如「耶穌復活」、「耶穌十字架」等畫面，我看了半天始終看不出端倪，同團的人告訴我，他們只是依主題做出效果，類似抽象畫，而非以具體形象創作，透過燈光意象傳達劇情。

地下一層通往地下二層的入口有三道門，從門口看得到崖壁的加百列雕像。導遊說，右邊的門給好人走的、左邊的門給壞人走的，中間的呢？她說，是給想要當好人的壞人。我們都笑了，陸續從中間的門走過去。

鹽教堂最底層是很商業化的區域，有紀念品販賣部、3D介紹影片，甚至還有不搭的燈光秀，在燈光變幻的當下，只記得同行夥伴低聲抱怨簡直像是夜店風。

哥倫比亞原住民的鹽礦生意已久，遠早於西班牙的殖民時代，鹽教堂就建築在曾經興旺的鹽礦業上。在二十一世紀以後，他們開始使用汲取鹽礦技術，不需再像過去一層層往下挖，據說機器已經在開採教堂下方遠比巴黎鐵塔更深的地方。

鹽教堂的主廳是個巨大的十字架，在藍色燈光中散發妖異氣息，地面有個懸掛的雕

深藏黃金傳說的瓜塔維塔湖

刻，取名「創世紀」；主廳二樓有個陽台，也是鹽教堂最主要的畫面，旁邊有個天使在吹響號角，左邊大廳主題是耶穌降臨。除了石造雕刻，走廊盡頭一面牆上，美麗的白鹽節理從崖壁上洩出，雪白瀑布流淌得極為耀眼。

離開地下前，我們每個人都笑鬧著一起用舌頭舔鹽教堂的牆壁，真的很鹹。

鹽教堂入口

鹽教堂正殿

正殿上方吹鳴號角的天使雕塑

加勒比海

「再見了，我的唯一。不要在餓狼面前顫抖，也不要在思念的草原上冷得發抖，我把你放在心裡，我們將在一起，直到路途的盡頭。」——切・格瓦拉

切・格瓦拉的摩托車之旅在波哥大止步，之後他離開哥倫比亞，前往更混亂的委內瑞拉；我揮別切・格瓦拉，繼續往北抵達南美洲最北端，卡塔赫納（Cartagena）。

卡塔赫納是南美洲在加勒比海最重要的門戶，早期那些探險家、掏金客，都以卡塔赫納為基地，歷經好幾次海盜攻擊而築起舊城區的堡壘。從走出機場開始，強烈熱帶氣息撲面而來，搖曳的椰子樹、海洋氣味。但走進卡塔赫納舊城區，基本上是充斥凌亂、骯髒的垃圾堆，黑人推著海灘褲和墨鏡的小攤，有點類似我對中美洲的刻板印象，比方說古巴之類的模樣。

狂放與荼靡，是加勒比海最自然的姿態。卡塔赫納四季如夏，熱浪如潮水一波波襲來，hostel的男生常打赤膊，女生也總是穿比基尼出沒，好像剛從海灘走上來。

舊城區是以前卡塔赫納的堡壘，蓋滿大航海時代常見的古老洋房，陽台上九重葛垂

掛，婆娑在色彩鮮豔的牆壁上，夾著鋪著圓卵石的街道。舊城周遭是巨大石頭砌成的城牆堡壘，隔著城牆，海洋的呼喚陣陣入耳。

我最喜歡的地方是聖佩德羅．克拉韋爾教堂（Iglesia de San Pedro Claver）前的廣場，廣場上有許多鐵皮和鐵線構築成的火柴人。有一次，看見有當地人把自己塗成黑色，偽裝雕像藏身其中，行為相當逗趣。廣場旁的巨大教堂與修道院是紀念一位來自西班牙的修士，畢生奉獻給南美洲非裔奴隸，廣受當地人的感懷。修道院保留大量繪畫，都是有關於他保護奴隸的情操，即使在炎夏中也格外幽靜。

在哥倫比亞街頭偶爾會看到一種很肥胖的畫像或雕塑，卡塔赫納的聖多明各教堂就有一尊胖女人躺臥的雕塑，商店裡也常賣肥胖版的《蒙娜麗莎的微笑》、肥胖版的梵谷《吶喊》等。當地人說，肥胖女人只是單純有趣的象徵，很常見的幽默。

五月二十一日是個熱鬧夜晚，卡塔赫納街頭的每一台電視機前都擠滿人，甚至連雜貨店都擺滿椅子給人看球賽。當地人說，這天是國家杯冠軍賽，兩支足球隊分別來自麥德林和巴蘭基亞。比賽最後是麥德林在PK戰獲勝，一時煙火齊放，不過那人也說，卡塔赫納人大多還是支持巴蘭基亞球隊，或許是和麥德林長久的對抗意識吧！

Mamallena hostel 位在 Getsemani 區，距離舊城約十分鐘路程，在這區要稍微注意安全。hostel 的八人 dorm 一晚 410 NTD，房間凌亂但尚稱整潔，最重要的是每晚九點到隔天早上九點，房間裡有不錯冷的冷氣。WiFi 好、廚房設備差、早餐只有煎餅、咖啡。

從機場搭計程車到中央公園大約 160 NTD，舊城區入口在中央公園旁，聖佩德羅．克拉韋爾教堂教堂加門票總共約 145 NTD。普拉亞布蘭卡海灘行程 830 NTD，約有五小時可以在海灘遊玩，海灘租借帳棚場地大約 330 NTD，用餐另計。

卡塔赫納的最後一天，我和幾個背包客搭巴士，到著名的普拉亞布蘭卡（Playa Blanca）海灘，這正是我期盼的加勒比海，徹底放鬆悠閒。

正當我想一個人找地方靜靜時，同團另一個女生卻來問我要不要同行、還有一對情侶和一個巴西女孩，巴西女孩有很明顯的東方臉孔。我忍不住好奇問她，她說祖先是日本人，說完脫下外套、挽起長髮，給我看她後頸的「菅野木村」刺青，原來那是她本名。我答應共租帳棚，但其實很難共處，他們都是用葡萄牙文交談，過了中午我們吃完烤魚，他們紛紛玩水去了。

我脫去鞋襪，輕踩在不算乾淨的刺腳沙粒上，放眼望去海灘層層疊疊的都是帳棚，笑聲混雜海風迴盪在海平面上。後來，雖然我偶爾想起加勒比海的假期，但其實我不太記得太多感觸，南美洲結束得草率敷衍；我常可惜好像錯過什麼，沒在萊蒂西亞或波哥大待更久之類的，旅行像人生一樣無法回頭，帶著遺憾繼續走下去。

但每段回憶畫面，都像殘留在沙灘上的腳印痕跡，從寒冷的世界盡頭穿越安地斯山脈，走出陰鬱的亞馬遜森林，人生最終會看見前方豁然開朗。

我瞇著眼，凝視著豔陽高照的海岸，加勒比海天空下是新的故事篇章。

球賽結束後瘋狂的卡塔赫納街頭

舊城區巷內

舊城區街頭

聖佩德羅克拉韋爾教堂前廣場

萊蒂西亞經由波哥大轉飛卡塔赫納的班機約 3300 NTD，航空公司是 LAN，在萊蒂西亞街上可以找到代理商。從卡塔赫納飛波哥大的班機約 3200 NTD，航空公司是 Aviance，辦公室在郵政總局附近。

卡塔赫納的郵政總局不受理明信片，可以在舊城區紀念品店買郵票和寄明信片。

chapter 06

那些南美洲以外的事

Paris/Turkey

雨的巴黎

南美洲之後，是關於愛的旅程。

當時我喜歡的女孩也正在歐洲旅行，在漫長的旅途中，我一直惦記著她。反覆考量很久，最後決定買張機票從波哥大飛往巴黎找她；現在看起來，這個決定簡直就是任性，也大概是我這輩子做過最瘋狂的事。明知道不會有結果，也不管值不值得，不過我也沒後悔過就是了。

第一次、希望也是人生最後一次不計代價的旅程，我依依不捨地離開哥倫比亞，臨走前還是有點無法接受要結束南美洲旅程的事實。

巴黎和南美洲非常不同，事實上這是我第一次來到西歐，才下飛機，就被一瓶要兩歐元的可口可樂嚇到；這裡的物價和南美洲完全無法對比，高飛好幾個檔次，住宿也不是南美洲可以比擬。

我沒有任何準備，在網路上搜尋到一間相對便宜的學生宿舍AIJ（Auberge Internationale des Jeunes Hostel），就直接住進去。不過這間規矩相當多，每天有固

羅浮宮

凱旋門

萬神殿

定打掃時間，打掃時不能待在室內、行李堆放在充滿霉味的儲物間，我越發開始想念南美洲，想念那每一家高性價比的 hostel。

等待見面的幾天裡，我常在巴黎閒晃，不過只去了最想看的巴黎鐵塔、凱旋門、羅浮宮、萬神殿。巴黎萬神殿是一間仿照羅馬萬神殿的建築，裡面埋葬著雨果、梭羅和居禮夫人等偉大人物，這裡不是最有名景點，但氣氛肅穆，我靜靜凝視棺木，有種思古之幽情的浪漫。而最興奮的經驗是親眼目睹傳奇的《蒙娜麗莎的微笑》，原來蒙娜麗莎比想像中的還要小得多，護欄又架得太遠；所有觀光客都只是在搶著拍照打卡，膚淺程度大概和我任性的巴黎行不相上下。

在巴黎旅行應該會比南美洲簡單得多，可是對我來說完全不是這回事。除了物價高，很多資訊都沒有英文說明，連羅浮宮導覽都只用法文；複雜的地鐵也讓我困惑很久，巴黎很美，卻不是我愛的那種。

雖然南美洲的旅行很精采，但無止盡地移動、探索，我也走得有點疲倦。在巴黎大部分的時間只是休息，等待下一段旅行。我對即將的會面感到忐忑不安，見面時應該說什麼？哈哈大笑說我不小心從南美洲迷路到巴黎嗎？會不會剛好提早在巴黎的街上

全世界最多人搶著合照打卡的女人

巧遇呢？每天胡思亂想著。

最後我們相約在巴黎火車站北站見面，那次見面的過程，卻讓人失望和沮喪。那一天的景象，北站的手扶梯、自動售票機、火車站跳動的時刻表、在旁邊演奏的街頭藝人，所有畫面，直到現在閉上眼依然在眼前跳躍。

我看著她轉身走進地鐵站，前往戴高樂機場，當她的身影消失在人群後，傷心像是一陣輕風般吹拂，好像心底有些東西也被她帶走。

於是，我離開這個傷心城市，但是巴黎，真的很適合把愛和悲傷都留在這裡。印象中的巴黎，每天都下著雨。

埋葬記憶的土耳其

巴黎不在計畫中，土耳其當然也不在原本的預料中，很長一段時間，我考慮著離開巴黎和傷心後，要去哪個國家繼續我的旅行。

只是巧合而已，那時候有朋友正帶著我借他的土耳其旅遊書在土耳其旅行，我立刻有個想法：讓他把旅遊書留在伊斯坦堡的 hostel，我去那間 hostel 拿書，就可以帶著自己的旅遊書走訪土耳其，這趟旅程一直都是各種異想天開。

艾菲索斯瞌睡貓

艾菲索斯羅馬競技場

卡帕多其亞山谷

棉花堡

安塔利亞的地中海

艾菲索斯羅馬圖書館遺跡

我沿著經典路線環繞土耳其西半部一圈，先從伊斯坦堡飛到卡帕多其亞，在歌樂美（Goreme）住了三天，看卡帕多其亞各種石柱、精靈洞屋、地下城。搭夜車往南到安塔利亞（Antalya）的地中海，再去棉花堡（Pamukkale，帕姆卡雷）參觀波斯波利斯遺跡，最後一站是土耳其最有名的賽爾柱（Selcuk），參觀偉大的古代羅馬遺跡艾菲索斯（Efes，以弗所），再回到伊斯坦堡。

土耳其不愧是世界中心，古文明遺跡遠超過我曾旅行的國家，規模一個比一個還壯觀；尤其最後艾菲索斯的羅馬圖書館，和它的古羅馬劇場，在走進艾菲索斯當時就頓時萌發不虛此行的心得。

土耳其的美絕對超乎想像，也是很多人最愛的國家。但我那時候常跟朋友形容，我就好像吃飽正餐，而土耳其只是道甜點，享受，卻不適合再暴飲暴食；我的步調很消極，只是默默品味部分美景，有點疑似旅行的熱情和好奇心竟然消磨殆盡。當我意識到這一點，或許意味旅程已經來到盡頭。

整體而言，我真的有點不知道在土耳其玩什麼，最瘋狂的是在安塔利亞的那一天，我搭巴士到馬納夫加特（Manavgat）郊外，走上兩小時到西戴（Side），只是為了看

歌樂美夜景

阿波羅神殿遺跡，說是神殿，其實也只剩五根柱子，我對於時間極盡奢侈之能事。

一切都進行得很緩慢很緩慢，我在歌樂美山上看整夜卡帕多其亞夜景，以及遠方城市在燈火下閃閃發亮，我凝視土耳其，卻惦記南美洲和巴黎的點點滴滴。

旅行的最後，又再度是拜占庭之心，和三年前的東歐旅行一樣。

再度伊斯坦堡

每次來到伊斯坦堡的感覺都不同，聖索菲亞大教堂依舊宏偉，觀光客始終絡繹不絕，但內部卻被裝修的鷹架擋住，說是二〇一四年都看不到完整的聖索菲亞。獨立大街依舊熱鬧，米布丁還是這麼好吃，卻少了第一次走在獨立大街的那種悸動感。最後一天，我拜訪之前沒去過的香料市場和蘇萊曼清真寺等地方，我最愛伊斯坦堡的一點，就是在伊斯坦堡結束旅程，至少都是歡樂滿足的。

回臺灣的那晚，我在杜拜轉機時看見海尼根酒吧擠滿人，好奇地往裡頭張望，原來正在播二〇一四年世足賽的開幕戰，巴西對克羅埃西亞，差不多是下半場結束，就在我離開南美洲後，四年一度的足球季在我背後悄悄開打。

幾小時後，飛機降落在我開始略感陌生的桃園機場，那天剛下過雨，剛好看見天邊一道清晰的彩虹，隨著旅程結束消逝在眼角的光彩。

時間回到半個月前。

有另一個以前認識，但不是很熟的女孩子，在從智利抵達祕魯的那一天，我們忽然

藍色清真寺

聖索菲亞大教堂

聊起來。之後她一直關心著我的旅行，在巴黎最低潮那段期間，以及後來到土耳其以後的旅程，始終不離不棄安慰我，讓我漸漸走出巴黎的陰霾。隨著旅行推進，我們感情也逐漸增溫，從旅行、從南美洲聊到生活，回臺灣不久我們就在一起。他們說是旅行的意義，旅程總是有一連串難以預料的際遇。

雖然這段戀情維持的時間不長，對我而言，卻代表在南美洲後，學會捨得、傷心，以及重新愛的勇氣。關於愛的旅行，也是這趟回憶的一部分。

旅行淡淡地結束，有好長一段時間，我沒讓別人知道我回到臺灣，重新適應沒有旅行的日子。我不再需要為了身上財物緊張，不需要擔憂接下來的行程，也不用每天醒來就是整理行李。平淡生活有平淡的美，人怎麼能一直旅行呢？

但是當我走在路上時，常會不自覺放空，周遭一切既熟悉又陌生，當我聽著音樂，我常想起火地島那間 hostel 的走廊，看見紅色山丘和白色大地，卻怎麼也想不起來被乾冷空氣包圍的感覺；我聽說 Wesley 夫妻後來去德國玩還住在 Lioba 家，半年後我還去韓國拜訪金氏夫妻，轉變一次次提醒我，旅行早該結束了。

我又重新回到科技業上班，還進入了 Joyce 的公司，做我熟悉的 PM 工作，就這樣旅行結束以後的世界忽然加速運轉，又是日復一日，穩定的節奏硬卡進我生活齒輪，我被迫接受眼前的一切，卻抗拒著不切實際的現實。

回想兩年前，我在某場講座上聽過一句話，此刻套用在自己身上卻意外合適：

「旅行不是要逃避，是回來之後，更能明白這個真實的世界。」

陪伴我縱走南美的兩個夥伴

祕魯和哥倫比亞對臺灣人免簽，阿根廷和智利的簽證都需要準備很多文件，請參考簽證官網，只要資料齊全，阿根廷簽證約三天核發，智利則需要五天左右。

整趟旅程我只帶兩個背包：一個後背大背包和一個隨身背包，大背包的容量六十五升，裝了一件雪衣、一件厚外套、一件薄外套、毛衣兩件、兩條褲子輪流穿，其他的衣物包括四套內衣褲，這樣就足以應付南美洲所有氣候吧！

南美洲很大，很多時候必須靠飛機移動，我常用 skyscanner 之類的網站先查詢最便宜的航班，找廉價航空如 Star Peru 或 Aviance 等。

整體而言，南美洲的治安沒有想像中差，阿根廷除了首都外都很安全，智利聖地牙哥以北、祕魯利馬以北比較危險，哥倫比亞則全境都要特別注意，但無論在哪個國家都要小心扒手，特別是在車站或景點附近。

語言上，南美洲除了巴西以外都說西班牙語，大部分當地人不說英文，但只要會「多少錢？」和各種數字就夠用。

後序／後旅行的人生

六年前，從來沒有出國自助旅行過的我，因為一個瘋狂的鬼主意，第一次旅行就選擇中亞，哈薩克和烏茲別克，期間歷經暴動、住院、綁架、拘留，我開啟世界的門，才明白旅行並不如想像浪漫，還開始寫第一本書《逃出哈薩克》。

那時憑藉一股初生之犢的衝動，後來幾年，我結識不少背包客，聽過許多千奇百怪的旅行。有些人從旅行看見社會現象。有些人在旅行後對人生有不同體悟，更多時候

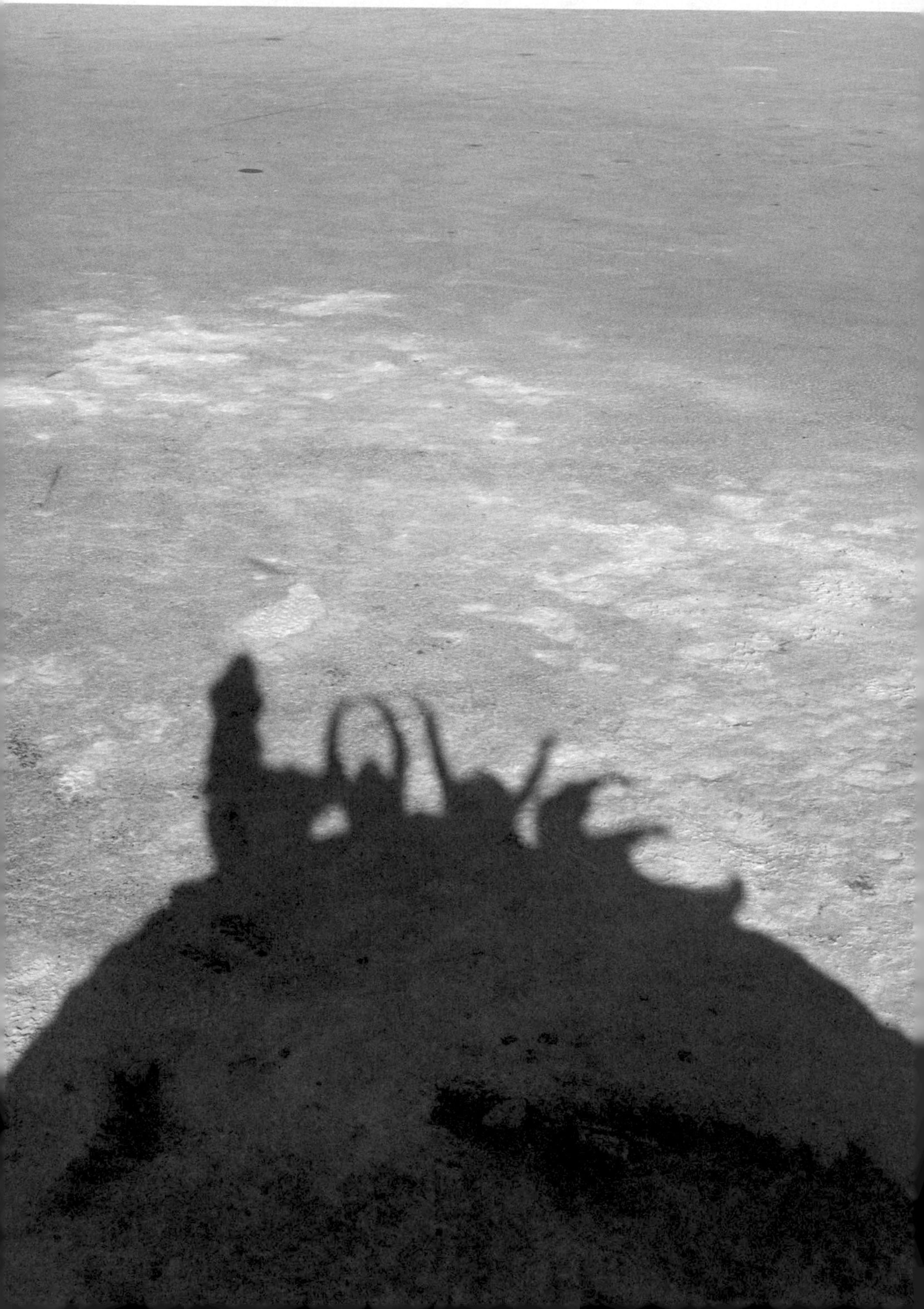

只是嘗試在不同地方生活。旅行給每個人的課題不同，我從不覺得我的旅程多獨到，對我而言更深刻的，反而是在旅行中，那些累積在人生的經歷。

我陸續走過東歐、緬甸、南美洲，旅行的時間越久，與自己對話的時間就越多。但每次有人問起旅行帶給我的東西，始終是非常私人且微不足道的過程；仔細想想，不就是在人生困惑中掙扎，只是相對而言處理旅行反而單純，說不定我根本也沒因此變得更好。旅行沒這麼偉大，旅行只是個過程，儘管這段過程對我刻骨銘心，但無論是怎麼樣的蛻變，每個人不都是一步步走過來的嗎？

唯一能肯定的是，如果當初沒有踏出第一步，我就不能藉由旅行成就自己。我慶幸六年前勇敢前往中亞，當我決定開始旅行，人生就已經不一樣了；我寫下自己的故事，結交更多旅人，這些種種讓我的人生豐富，遠超乎想像。

不變的是，謝謝人生中、旅程中一直陪伴我的你們。

以及親愛的讀過我的旅行的你，每次出書都這麼說，是因為正是你們讓我的旅行和寫作的人生如此精采。

人文旅遊 KTH3023

天空之境—火地島到加勒比海的南美長征

作者—羅的好
主編—李宜芬
責任編輯—楊佩穎
美術設計—蕭旭芳
校對—羅的好、楊佩穎、楊荏喻
執行企劃—張燕宜
董事長
總經理—趙政岷
總編輯—余宜芳
出版者—時報文化出版企業股份有限公司
(一〇八〇三)台北市和平西路三段二四〇號四樓
發行專線—(〇二)二三〇六—六八四二
讀者服務專線—〇八〇〇—二三一—七〇五・(〇二)二三〇四—七一〇三
讀者服務傳真—(〇二)二三〇四—六八五八
郵撥—一九三四四七二四時報文化出版公司
信箱—台北郵政七九~九九信箱
時報悅讀網—www.readingtimes.com.tw
電子郵件信箱—ctliving@readingtimes.com.tw
時報出版臉書—http://www.facebook.com/readingtimes.fans
法律顧問—理律法律事務所 陳長文律師、李念祖律師
印刷—華展印刷有限公司
初版一刷—二〇一五年四月十日
定價—新臺幣三二〇元

國家圖書館出版品預行編目 (CIP) 資料

天空之境—火地島到加勒比海的南美長征 /
羅的好著 . -- 初版 . -- 臺北市 : 時報文化 , 2015.04
面 ;　公分 . -- (人文旅遊 ; KTH3023)
ISBN 978-957-13-6236-6(平裝)

1. 遊記 2. 南美洲
756.9　　104004192

ISBN 978-957-13-6236-6
Printed in Taiwan.